나비 박사 **석주명**에게 배우는

몰입

나비 박사 석주명에게 배우는 몰입

글 박현수 **그림** 김정혜 홍종모 **기획** 고정욱

초판 1쇄 발행 2008년 10월 1일 | 초판 3쇄 발행 2009년 10월 9일

펴낸곳 뜨인돌어린이 **펴낸이** 박미숙
총괄상무 김완중 **편집장** 인영아
책임편집 이경숙 **기획편집팀** 이경화 이슬아 **디자인팀** 김세라 오경화
마케팅팀 이학수 오상욱 엄경자 **총무팀** 김용만 고은정
필름출력 공간 **인쇄** 대신문화사 **제책** 시아북바인딩

신고번호 제313-2008-131호 **신고년월일** 2005년 8월 5일
주소 121-840 서울시 마포구 서교동 396-46
대표전화 (02)337-0212, 5252 **팩스** (02)337-5868
뜨인돌 홈페이지 www.ddstone.com **노빈손 홈페이지** www.nobinson.com

ⓒ 2008 박현수

ISBN 978-89-92130-95-0 73810
책값은 뒤표지에 있습니다.

나비 박사
석주명에게 배우는

몰입

박현수 글 김정혜 그림 고정욱 기획

뜨인돌어린이

머리말

어린이 여러분! 비, 장미란, 빌 게이츠, 스티븐 호킹의 공통점이 뭔지 아세요? 바로 각자의 분야에서 최고라고 인정받은 사람들이랍니다. 한데 이 분들의 공통점이 또 있어요. 뛰어난 몰입의 힘을 가졌다는 거예요. 여러분도 이들처럼 자기 분야에서 손꼽히는 사람이 되려면 몰입이란 열쇠를 가져야 한답니다. 몰입은 자기가 좋아하는 일을 집중하여 끝까지 해낼 수 있는 힘이에요. 그 힘은 나의 숨겨진 재능을 열어 펼칠 수 있게 하는 열쇠거든요.

이 책은 곤충을 좋아했던 사람의 이야기입니다. 특히 나비에 대해 누구보다도 궁금해하며 한평생 나비에 몰입했던 사람이지요. 나비를 보면 몸에 생채기가 나는 것도 모른 채 쫓아가고, 나비를 연구하기 위해 밥 먹는 시간도 아까워했어요.

나비를 채집하고 연구하며 한평생을 나비에게만 몰입한 사람! 그 사람의 이름은 석주명, 바로 나비 박사라고 불린 사람입니다.

석주명은 일본에서 공부를 하던 중 나비 연구에 일생을 바칠 결심을 합니다. 그러고는 나비가 있는 곳을 쫓아다니며 부지런히 나비를 채집했습니다. 또 채집한 나비를 한 마리, 한 마리씩 조사해 우리나라의 모든 나비를 최종 248종으로 분류했지요.

당시에는 그런 연구를 하는 사람이 없어서 사람들은 석주명이 하는 일을 이해하지 못했습니다. 모두들 포충망을 들고 나비를 잡으러 다니는 석주명에게 먹지도 못하는 나비를 왜 잡느냐고 묻곤 했어요. 석주명은 사람들의 그런 이상한 시선에도 아랑곳하지 않고 나비를 연구하는 일에 열중했습니다. 그리고 아무도 하지 않았으니 자신이 하는 거라고, 또 자신의 연구가 나중에는 한국의 과학 발전에 도움이 될 거라고 굳게 믿었지요.

지금쯤 석주명은 자신이 평생 동안 사랑했던 나비가 되어 우리 곁을 날아다니고 있을지도 모릅니다. 그리고 웃으며 우리에게 이렇게 말을 걸겠지요.

"나처럼 몰입해서 네 꿈을 이루고 싶지 않니?"

박현수

차례

1. 처음 보는 나비 같은데 _8
   몰입 열쇠 ❶ – 몰입이 무엇일까?

2. 10년 동안 나비를 연구해 보게! _20
   몰입 열쇠 ❷ – 분명한 목표를 정하라

3. 나비를 잡아오는 게 숙제라고요? _40
   몰입 열쇠 ❸ – 천천히 오래 하라

4. 연구 또 연구! _58
   몰입 열쇠 ❹ – 주변 환경을 만들어라

5. 『조선산 나비 총목록』을 집필해 주세요! _74
   몰입 열쇠 ❺ – 나만의 것을 멋지게 만들어라

6. 좋은 세상으로 가렴, 나비들아! _100
   몰입 열쇠 ❻ – 기발한 생각을 떠올려라

7. 나비를 잡으러 온 나라를 누비다 _116
   몰입 열쇠 ❼ – 새로운 일에 도전할 힘을 키워라

8. 나의 나비, 나의 삶 _136
   몰입 열쇠 ❽ – 행복하고 자신감 가득한 날로 채워라

■ 석주명의 삶 _156

나비 박사 석주명에게 배우는 몰입

몰입 열쇠 ❶ 몰입이 무엇일까?

1
처음 보는 나비 같은데

석주명은 오로지 나비만을 뚫어져라 바라보며 나비가 앉은 쪽으로 살살 걸음을 옮겼다. 비록 양쪽 팔은 나뭇가지에 다 긁히고 다리도 멍투성이였지만 석주명은 끈질기게 나비 뒤를 쫓았다. 지나가던 사람이 이 모습을 봤다면 분명 미친 사람인 줄 알았을 것이다.

　1935년 어느 여름날이었다. 아침부터 지리산을 뒤덮었던 안개들은 흔적도 없이 사라지고 한여름의 뜨거운 햇볕이 내리쬐고 있었다.

　햇볕 속에서 석주명은 느린 걸음으로 지리산을 오르고 있었다. 전라도 구례에서 노고단 쪽을 향한 길이었다.

　가끔씩 걸음을 멈추고 주위를 두리번거리며 무언가를 찾던 석주명은 한참을 그렇게 산을 오르다 길 옆 바위에 털썩 앉았다.

　"잠깐 쉬었다 가야겠다."

　석주명은 한 손에 들고 있던 포충망을 조심스럽게 내려놓고 허리춤에 차고 있던 수건을 손이 가는 대로 풀었다. 수건은 이미 땀으로 반쯤 젖어 있었다.

　"후! 날씨가 꽤나 더운걸."

안경을 벗고 땀으로 뒤범벅이 된 얼굴을 수건으로 닦았다. 수건 사이로 언뜻언뜻 보이는 석주명의 얼굴은 무척이나 까무잡잡했다.

다시 안경을 쓴 석주명은 오른쪽 어깨에 멘 채집통을 살펴보았다.

"오늘은 많이 못 잡았네. 특별한 녀석들도 없고……."

조금 실망하며 수건을 다시 허리춤에 차려는 순간이었다.

흑갈색을 띤 날벌레가 석주명의 오른쪽 옆으로 날아가는 것 같았다. 무심코 그쪽으로 눈을 돌린 석주명은 갑자기 얼어붙은 듯 행동을 멈추었다.

'저, 저 녀석은 뭐지? 못 보던 나비인 것 같은데.'

흑갈색 나비는 석주명에게 관심 없는 듯 하늘거리며 날아가더니 조금 떨어진 나뭇가지에 살포시 앉았다. 날개에 흰 무늬를 가진 조그마한 나비였다.

'처음 보는 녀석이 맞는 것 같아.'

석주명은 조심스럽게 팔을 뻗어 옆에 두었던 포충망을 움켜쥐었다. 그러고는 살며시 몸을 일으켜 나비가 앉은 쪽으로 살살 걸음을 옮겼다. 두 눈은 나비를 뚫어져라 바라보고 있었다.

나비 가까이로 간 그는 조심스럽게 포충망을 뻗었다. 얼마나 긴장을 했는지 포충망 끝이 바들바들 떨렸다.

포충망이 막 나비 가까이 갔을 무렵이었다. 나비는 모든 걸 알고 있다는 듯 가볍게 날아올랐다.

"아차차!"

석주명은 나비를 따라 뛰기 시작했다.

포충망을 재빨리 휘저었지만 나비는 요리조리 피해 저 멀리 날아갔다.

'녀석이 제법인데!'

이런 일에 익숙한 석주명은 포충망을 휘두르며 뛰어가는 것을 멈추지 않았다. 하지만 나비는 그의 생각만큼 호락호락하지 않았다.

석주명의 발걸음과 손놀림이 조금씩 둔해지는 것과는 달리 나비의 날갯짓은 여전히 가벼웠다.

"헉! 허억! 허억!"

석주명은 숨쉬기가 힘들어 걸음을 멈추고 허리를 구부렸다. 땡볕 아래를 뛰어다녀 땀이 샤워 꼭지에서 쏟아지는 물처럼 온몸을 적시고 있었다. 하지만 거친 숨을 몰아쉬면서도 안경 속의 눈만은 나비를 뒤쫓고 있었다.

'무슨 나비인데 이렇게 재빠르지? 이러다가 놓치는 건 아닐까?'

나비는 마치 석주명을 약올리기라도 하는 듯 조금 떨어진 나무 위에 다시 앉았다.

'반드시 잡고 말 거야.'

석주명은 기운을 차리고 조심조심 나비가 앉은 나무 곁으로 다가갔다.

이번에는 나비가 날아오르기 전에 포충망을 휘둘렀다. 하지만 휘두른 포충망 안은 텅 비어 있었다.

"이 녀석이 정말!"

계속된 나비와의 추격전에 무척 화가 난 석주명은 포충망을 마구 휘두르며 나비를 쫓아갔다.

"아악!"

신발에 무언가가 걸려 넘어진 석주명은 수풀 사이를 나뒹굴었다.

"아야야야! 아야!"

상처가 난 무릎에서는 금방 선홍색 피가 배어 나왔다. 석주명은 무릎을 쓰다듬으며 몸을 살펴보니 여기저기가 엉망이었다. 나비를 쫓으며 정신없이 뛰느라 양쪽 팔은 나뭇가지에 다 긁히고 다리도 멍 투성이였다.

석주명은 아픈 상처에도 아랑곳하지 않고 자신이 쫓던 나비를 놓칠까 걱정이 되어 주변을 다시 두리번거리기 시작했다. 가까이에서 나비는 여전히 하늘거리며 가볍게 날아가고 있었다.

다시 몸을 일으킨 석주명은 나비가 날아가는 쪽을 향했다. 가끔씩 포충망을 휘두르기도 하면서 끈질기게 나비 뒤를 쫓았다. 넘어질 때 다리를 다쳤는지 간혹 절뚝거리기도 했다.

한참의 추격전 끝에 석주명은 헉헉거리며 결국 무릎을 꿇었다. 안경은 땀에 미끄러져 코 중간에 걸쳐 있었다. 시계를 보니 3시 30분을 가리키고 있었다.

"이런, 두 시간째 저 녀석과 싸우고 있었네."

그는 주저앉아 울고 싶었다. 하지만 흑갈색 나비는 이런 석주명의 마음을 아는지 모르는지 날갯짓을 계속했다. 마치 술래잡기 놀이라도 하듯이.

"으아아!"

석주명은 갑자기 벌떡 일어나 포충망을 마구 휘두르며 나비가 있는 쪽을 향해 달려갔다. 지나가던 사람이 이 모습을 봤다면 분명 미친 사람인 줄 알았을 것이다.

그때였다. 석주명은 갑자기 발걸음을 멈추고 아주 조심스럽게 포충망을 움켜쥐었다. 마치 소중한 보물을 다루는 것처럼.

드디어 나비를 잡은 것이다. 어쩌면 나비가 석주명의 간절한 마음을 알고 포충망 안으로 들어가 줬는지도 모른다.

"잡았다! 잡았어!"

석주명은 산이 떠나가라 외쳤다. 얼마나 기쁜지 얼굴이 뜨거워지면서 눈물이 뺨을 타고 흘러내렸다.

석주명은 잠시 숨을 가라앉히고 포충망에서 나비를 꺼냈다. 그의 손놀림은 정확하고 신중했다. 검지와 장지 사이에 날개를 끼워 나비가 다치지 않도록 조심스럽게 꺼냈다.

석주명은 흘러내리는 안경을 다시 한 번 치켜올리고 감격 어린 시선으로 손가락 사이에 있는 나비를 잠시 바라보았다.

'한 4센티미터쯤 되겠는걸. 짙은 갈색에다가.'

뚫어지게 나비를 쳐다보던 까무잡잡한 석주명의 얼굴에 미소가 스쳐 지나갔다.

'양쪽 날개에 흰 무늬가 여러 개 있어. 한 번도 발견된 적이 없는 나비가 맞아.'

석주명은 채집통을 열고 조심스럽게 나비를 넣었다. 마음 깊은 곳에서 뿌듯한 감정이 솟아올랐다.

'아! 몇 시간을 쫓아다녀 드디어 잡았어. 그것도 처음 보는 나비를……'

그제서야 석주명은 쓰러지듯 수풀 위에 누웠다. 갑자기 피로가 몰려오면서 여기저기 쑤시고 아팠다.

다리를 들어 무릎을 보니 아까 다친 상처에는 피가 엉겨 붙어 있었다. 또 정강이는 언제 그랬는지 시퍼렇게 멍이 들어 있었다. 양쪽 팔은 풀잎에 긁혀 온통 빨간 사인펜으로 그어 놓은 것 같았다.

석주명은 갑자기 벌떡 일어나 앉았다.

"수첩! 수첩!"

그는 가방을 뒤적거려 수첩을 꺼냈다. 글씨가 빽빽하게 적힌 수첩을 넘기더니 열심히 기록하기 시작했다. 나비를 잡은 날짜, 시간, 장소 등을 적는 것이었다. 또 나비의 간단한 특징까지도.

수첩에 기록을 마치고 나서야 석주명은 다시 몸을 수풀 위에 뉘였다. 온몸은 상처투성이로 욱신거렸지만 얼굴에는 웃음이 가득했다.

"그래, 석주명! 이 나비는 이 세상에서 내가 처음으로 잡은 거야. 정말 장하다, 석주명!"

석주명이 우리나라에서 처음 잡은 그 나비에게는 나중에 '지리산팔랑나비'라는 정식 이름이 붙여졌다.

개구쟁이 친구들 안녕!

우리 친구들이 각자의 분야에서 최고라고 생각하는 뉴턴, 아인슈타인, 이소연 등의 공통점은 무엇일까? 이 최고들의 공통점은 바로 뛰어난 몰입의 힘을 가졌다는 거야. 몰입은 각자에게 숨겨진 재능을 찾아내는 보물 상자의 열쇠 같은 거야. 앞으로 몰입의 멋진 열쇠를 만들 수 있도록 이야기를 하나씩 들려주려고 해.

더운 여름날, 나는 나비를 채집하고 연구하기 위해 지리산 여기저기를 쫓아다녔어. 그때 내 눈앞에 흑갈색 나비가 휙 지나갔단다. 처음 보는 흑갈색 나비를 본 순간 숨을 제대로 쉴 수가 없을 정도로 흥분되고 기뻤어. 내 눈은 오직 그 나비만 뚫어지게 쳐다보게 되었고, 나의 관심과 생각이 그 나비에게로만 집중되었지. 3시간 넘게 그 나비를 잡으려다 몸에 생채기가 나고 시퍼렇게 멍이 든 것도 모를 정도였어. 이처럼 하나의 목표를 향해 깊이 파고들거나 빠지는 것을 '몰입'이라고 한단다.

하나의 문제가 생겼을 때 거기에 몰입해 나 스스로 그 문제를 해결하고 나면 저절로 '야호!' 하고 손이 올라가는 신나는 일이 벌어진단다. 처음 보는 '지리산팔랑나비'를 잡았을 때가 바로 이 기분이었어. 산이 떠나갈 듯한 고함을 나도 모르게 질렀거든. 또 얼마나 기뻤던지 얼굴이 뜨거워지면서 눈물까지 났지 뭐야.

우리 친구들! 몰입이 어떤 것인지 이제 알겠지?

더운 여름날 지리산에서 석주명

나비 박사 석주명이 들려주는
몰입 열쇠 ❶

몰입이 무엇일까?

몰입은 우리 주변에서 흔히 찾아볼 수 있어. 좋아하는 만화를 뿌리치고 책상에 앉아 수학 문제를 푸는 형, 누가 불러도 대답하지 않고 책을 읽으며 눈물을 흘리는 이모, 1시간째 움직이지 않고 찰흙을 가지고 무언가를 만들고 있는 동생처럼 자신이 좋아하고 관심 있는 일에 푹 빠져 있는 것을 우리는 '몰입'이라고 하지. 단순히 오락 게임을 하거나 TV를 보는 일 외에 건전하고 바른 꺼리로 몰입을 실천하면 공부는 물론 모든 일에 자신감이 생기고 의욕이 넘쳐난단다.

문제에 깊이 몰입한 뉴턴

뉴턴에게 만유인력의 법칙을 어떻게 발견했느냐는 질문을 했어. 뉴턴은 "한 가지만을, 오직 그것 한 가지만을 생각했습니다."라고 말했단다.

어느 날 집 뜰에 앉아 깊은 생각에 잠겨 있던 뉴턴은 사과나무에서 사과가 떨어지는 것을 보았어. 뉴턴은 사과가 왜 위로나 옆으로 가지 않고 곧장 아래로 떨어지는 것일까를 계속 생각했지. 그는 사과가 가지에서 떨어질 때 밑으로 떨어지는 것은 어떤 힘이 그것을 땅으로 잡아당기고 있기 때문이라는 생각을 했어. 뉴턴은 논리적으로 생각하고 끊임없이 몰입해서 '만유인력의 법칙'을 발견하는 멋진 일을 해냈단다.

나비 박사 석주명에게 배우는 몰입

몰입 열쇠 ❷ 분명한 목표를 정하라

2
10년 동안 나비를
연구해 보게

"나비를 연구하는 건 우리나라 과학을 발전시키는 일이기도 해. 10년 동안 나비 연구에 매달려 보자. 그러면 반드시 무언가를 이룰 수 있을 거야." 마침내 석주명은 결심했다. 조선으로 돌아가 10년 동안 나비를 연구하기로. 그 누구도 하지 못한 일을 하기로…….

　　　　　　　　　　1927년 3월 일본 가고시마 농림학교 운동장 옆 연못에서 한 학생이 모자를 눌러 쓴 채 돌을 던지고 있었다. 돌멩이가 떨어질 때마다 연못에는 둥근 원이 퍼져 나갔다.

　석주명이었다. 돌을 던지는 그의 표정은 웬일인지 어두웠다.

　해는 이미 뉘엿뉘엿 저물어 가고 있었다. 일본의 학교는 4월부터 새 학기가 시작되기 때문에 방학인 가고시마 농림학교에는 학생들이 거의 없었다.

　운동장에는 서편 건물의 그림자만이 길게 늘어져 갔다.

　'어떡하지? 내가 생각했던 공부는 이런 게 아니었는데…….'

　석주명은 다시 돌 하나를 던지며 생각을 이어 나갔다.

　'농업 선생님은 늘 시험에 나오니까 외우라는 말씀만 하셔. 또 축산

선생님은 너무 대강대강 가르치시는 것 같고…….'

석주명은 가고시마 농림학교의 농학과에 다니고 있었다.

가고시마는 일본의 가장 남쪽에 위치한 곳이었다. 그곳은 겨울엔 따뜻하고 여름에는 별로 덥지 않아 농림학교가 들어서기에 매우 좋은 조건이었다.

농림학교란 농업, 임업, 축산 등을 가르치는 학교였다. 당시 가고시마 농림학교는 농림에 관한 한 일본 제일을 자랑하고 있었다.

'내가 가고시마까지 공부를 하러 온 것은 우리나라를 세계 제일의 낙농 국가로 만들고 싶어서였어.'

낙농업으로 부자가 된 덴마크 이야기에 감동한 석주명은 가축을 키우는 낙농업을 일으켜 조선을 잘살게 하고자 가고시마까지 유학을 오게 된 것이었다.

덴마크는 국토 대부분이 버려진 땅이었는데, 그곳에 나무를 심고 가축을 키워 발전한 부자 나라로 유명했다.

석주명은 조선이 잘살려면 먼저 낙농업을 발전시켜 덴마크와 같은 부자 나라가 되어야 한다고 생각했다.

'내가 꼭 배우고 싶은 것은 살아 있는 지식이야. 바로 가난한 조선을 일으켜 세울 지식. 시험이나 잘 보기 위해 외우는 공식이 아니라…….'

석주명은 돌 던지기를 멈추고 자리에서 일어났다. 모자를 벗어 바지 뒤에 묻은 먼지를 툭툭 털어 내고는 천천히 걷기 시작했다.

'오히려 저번 학기에 배웠던 생물은 너무 재미있었어. 선생님도 열정적이셨고. 생물과는 다른 선생님들도 다 좋으시다던데…….'

석주명은 운동장 옆 오솔길을 따라 교문 쪽으로 걸어갔다. 가고시마의 따뜻한 날씨 덕분에 오솔길 주위의 벚나무에는 이미 꽃이 활짝 피어 있었다. 바람이 불 때마다 떨어지는 벚꽃 잎들은 마치 눈발이 흩날리는 것처럼 느껴졌다.

'차라리 생물과로 옮길까? 그런데 생물과로 옮기면 낙농업을 일으켜 우리나라를 잘살게 하려는 결심은 어떡하지?'

고민은 그 후로도 며칠 동안 계속되었다. 그러던 어느 날 고심 끝에 석주명은 확신에 찬 결정을 내렸다.

'낙농업이라고 꼭 농학과에서 공부할 필요는 없어. 생물과에 가서 곤충에 대해 공부하자.'

석주명은 결심을 굳히려는 것처럼 혼자서 되뇌였다.

'그래, 곤충에 대해 공부하면 곤충이 어떻게 농작물을 잘 자라게 하는지 알 수 있을 거야. 또 어떻게 병을 옮겨 농작물을 죽게 하는지도……'

결국 석주명은 2학년에 올라가면서 농학과에서 생물과로 옮겼다. 그는 생물과로 옮기고 나서도 곤충이 농작물에 어떤 영향을 끼치는지를 공부해 우리나라의 농업에 도움을 주고자 했다.

석주명이 생물과로 옮긴 해 여름방학 때였다. 생물과는 여름방학 때마다 곤충 채집 여행을 가는데, 그해에는 타이완으로 가게 되었다.

가고시마를 출발한 배는 거의 하루 가까이가 지나서야 타이완에 도착했다. 대부분의 학생들이 뱃멀미에 시달렸다. 석주명도 극심한 멀미로 아무것도 먹지 못했다.

타이완에서 제일 먼저 학생들을 맞아 준 것은 끊임없이 내리는 세

찬 열대성 호우였다.

"지겹다, 지겨워. 무슨 비가 이렇게 안 그치냐?"

"기껏 곤충 채집 여행을 왔는데 이게 무슨 꼴이야."

3학년 선배 두 명이 여관방에 앉아 투덜댔다. 도착한 날부터 사흘 동안 비가 계속 내리고 있었던 것이다. 곤충 채집은 엄두도 못 내고 모두 여관방에서 뒹굴거리고 있었다.

'모레면 벌써 돌아가야 할 날인데…….'

답답하기는 석주명도 마찬가지였다. 손꼽아 기다리던 여행이었는데 곤충 채집을 못 하게 되자 몸이 달아 있었다.

'이러다간 곤충 채집도 못 하고 돌아가는 건 아닐까?'

그때였다. 학생들을 인솔하고 온 오카지마 선생님이 마루에서 큰 소리로 말했다.

"자, 학생들! 잠깐 주목!"

오카지마 선생님은 늘 웃는 얼굴로 학생들을 대했다. 곤충에 대한 관심도 각별해 고등학교 교사로서는 드물게 일본 곤충학회 회장까지 지냈다.

석주명은 생물과의 선생님들을 모두 좋아했지만 특히 오카지마 선생님을 좋아했다. 오카지마 선생님에게선 곤충에 대한 깊은 애정을 느낄 수 있었기 때문이었다.

오카지마 선생님은 헛기침을 한 번 하더니 일부러 근엄한 목소리로 이야기를 시작했다. 그러자 이쪽저쪽 방에 있던 학생들이 문을 열고 오카지마 선생님의 말에 귀를 기울였다.

"모두 비 때문에 곤충 채집을 못 해서 지겹지?"

"예!"

"정말 그래요!"

"뭐라도 했으면 좋겠어요!"

이 방 저 방에서 학생들의 시큰둥한 대답이 들려왔다.

"그래서 지금부터 곤충 채집을 하려고 한다."

오카지마 선생님의 말에 학생들은 어리둥절한 표정으로 서로를 쳐다보았다.

"아니, 이렇게 비가 오는데 어떻게 곤충 채집을 해요?"

"맞아요. 이런 빗속에 무슨 곤충이 있겠어요?"

학생들의 불만 가득한 질문에 오카지마 선생님은 단호하게 이야기했다.

"정말 곤충 채집을 하려는 사람은 날씨 따위는 상관하지 않는다. 지금부터 밖에 나가서 곤충을 채집해 오너라."

한 번 헛기침을 한 오카지마 선생님은 말을 이어 나갔다.

"어떤 곤충이라도 좋다. 가장 많은 곤충을 잡아 오는 학생에게는 상으로 내가 아끼는 포충망을 주겠다."

며칠째 비가 내리고 있어 곤충이 있을 리 없었다. 하지만 선생님의 이야기에 학생들은 하나 둘씩 주섬주섬 포충망과 채집통을 들고 여관 밖으로 나갔다.

"야, 이렇게 비가 오는데 무슨 곤충이 있겠어?"
"선생님이 우리를 골탕 먹이려고 그러시나 봐."
쏟아져 내리는 빗소리 사이로 여기저기서 투덜거리는 소리가 들려왔다.
석주명은 잠시 내리던 비를 바라보다 포충망과 채집통을 양손에 들고 여관 밖으로 뛰어나갔다. 차가운 빗속을 이리저리 헤매던 석주명은 곤충이 있을 것 같은 수풀을 찾아 발걸음을 옮겼다.
1학년처럼 보이는 두 학생이 벌써 숲을 뒤적이고 있었다.

"야! 아무것도 없어. 비 맞는데 그냥 돌아가자."

"잠깐만! 무언가 움직이는 것 같았어."

한 학생이 조심조심 포충망을 수풀 속으로 가져가자 시꺼먼 것이 툭 뛰어올랐다. 수풀 속을 뒤지던 학생은 깜짝 놀라 뒤로 주저앉을 뻔했다.

"뭐야? 개구리잖아. 깜짝 놀랐네."

"그러니까 내가 뭐랬어. 빨리 돌아가자니까."

두 학생은 주섬주섬 포충망을 챙겨 들고는 길 쪽을 향해 뛰어갔다.

'아, 어쩌지? 정말 이렇게 비가 내리는데 곤충이 있을까?'

석주명은 자기도 그냥 돌아갈까 생각하면서 하늘을 바라보았다. 잔뜩 찌푸린 하늘은 벌써 어두워지고 있었다. 그때 불현듯 석주명의 머리를 스쳐 지나가는 생각이 있었다.

'그래, 비가 내린다고 해서 곤충들이 다 없어질 순 없어. 보이지 않을 뿐이야. 어딘가 비가 내리지 않는 곳에 있을 거야.'

석주명은 무언가를 결심한 듯 더 깊은 숲 속으로 발걸음을 옮겼다. 성큼성큼 한참을 걷던 석주명은 다시 얼굴을 들어 하늘을 보았다.

'여긴 숲이 우거져 거의 비가 떨어지지 않는구나! 슬슬 시작해 볼까?'

포충망을 움켜쥐고 조심스럽게 걸어가던 석주명이 갑자기 멈춰 섰다. 그러고는 눈을 크게 뜨고 무언가를 뚫어지게 쳐다보았다.

'뭐야, 하루살이잖아? 난 또 뭐라고……'

잠시 실망하던 석주명은 문득 떠오른 생각에 금세 환한 표정을 지었다.

'아니지! 하루살이도 곤충이야. 선생님이 곤충만 잡아 오면 된다고 하셨잖아?'

석주명은 신이 난 듯 포충망을 이리저리 휘둘렀다. 몇 번 휘두른 포충망 안에는 하루살이가 가득했다.

얼마 후 석주명은 비에 흠뻑 젖은 모습을 하고 허겁지겁 여관으로 들어섰다. 여관에는 벌써 대부분의 학생들이 돌아와 젖은 몸을 말리며 투덜대고 있었다.

"이렇게 비가 오는 날 곤충 채집은 무슨 곤충 채집이야."

"그러게, 옷만 젖었네. 잘 마르지도 않을 텐데 어떡하지?"

다른 학생들의 투덜거리는 소리를 들으며 석주명은 오카지마 선생님을 찾아갔다. 그리고 의기양양한 표정으로 채집통을 내밀었다. 채집통에는 하루살이가 가득했다.

"오! 드디어 채집을 해 온 학생이 등장했군."

오카지마 선생님은 밝은 표정으로 석주명을 맞았다. 그때까지 단 한 명도 곤충 채집을 해 온 학생이 없어 실망하던 참이었다.

"하루살이로군. 좋아, 하루살이도 훌륭한 곤충이니까!"

오카지마 선생님이 한 시간쯤 더 기다렸지만 석주명 외에는 아무도 곤충을 채집해 오지 못했다.

"자, 약속대로 상이야."

오카지마 선생님은 약속한 포충망을 석주명에게 주었다. 그리고 마음속으로 석주명을 괜찮은 학생이라고 생각했다.

포충망을 받은 석주명의 기분은 하늘로 날아갈 것 같았다. 상을 받아서도 그랬지만 아무도 하지 못한 일을 자신이 해냈다는 사실이 무엇보다 기뻤다.

졸업을 얼마 남겨 두지 않은 때였다. 오카지마 선생님은 석주명을 집으로 초대했다. 석주명은 오카지마 선생님과 2학년 곤충 채집 여행 이후 가깝게 지내고 있었다. 오카지마 선생님도 다른 어떤 학생들보다 열심히 공부에 매달리는 석주명을 눈여겨봐 왔다.

"선생님! 안녕하세요?"

"오, 석주명 군! 어서 오게!"

오카지마 선생님은 서둘러 저녁상이 차려진 곳으로 석주명을 안내했다.

"시장하지? 많이 먹게."

"감사합니다. 선생님도 많이 드십시오."

그런데 오카지마 선생님은 많이 먹으라는 이야기 외에는 아무 말도 하지 않고 식사만 계속했다.

'불러 놓고는 왜 아무 말씀도 안 하시지? 그냥 식사나 같이 하자는 거였나?'

석주명은 맛있게 밥을 먹으면서도 한편으로 의아한 생각을 떨칠 수 없었다.

그럭저럭 저녁 식사가 끝나갈 무렵이었다.

"자네는 졸업 후에 무엇을 할 생각인가?"

오카지마 선생님은 나지막한 목소리로 석주명에게 물었다. 석주명은 갑작스런 선생님의 질문에 우물쭈물할 수밖에 없었다. 그러자 오카지마 선생님은 다시 재촉하듯 물었다.

"아마 조선으로 돌아갈 것 같은데, 돌아가면 자넨 어떤 일을 하고 싶은가?"

선생님의 진지한 물음에 석주명은 망설이며 대답했다.

"저, 제가 무엇을 하고 싶다고 해서 마음대로 할 수 있는 처지는 아닌 것 같습니다. 그래서 무엇을 하겠다고 딱히 정해 놓은 것은 없습니다."

당시 조선은 일본의 지배를 받고 있었기 때문에 마음먹은 대로 무엇을 할 수 있는 상황이 아니었다. 일본은 조선 사람을 차별히는 징책을 펴고 있어서 조선 사람은 아무리 많이 배우고 능력 있어도 자기가 하고 싶은 일올 하기가 정말 어려웠다.

석주명은 조심스럽게 말을 이었다.

"가능하다면 저희 나라로 돌아가서 제가 배운 생물학을 가르치는 교사가 되었으면 합니다."

오카지마 선생님은 석주명의 말을 건성으로 흘려들으며 뭔가를 생각하는 눈치였다. 분명 할 말이 있는 것 같았다.

"자네, 혹시 나비에 대한 공부를 해 보는 건 어떤가? 나비를 공부해 학자가 되는 것 말이야."

"네? 나비요?"

"그래. 나비로 전문가도 되고, 학자도 되고……."

오카지마 선생님은 곤충에 대해 누구보다 많은 애정을 가지고 있었다. 석주명에게 곤충 중에서도 나비 연구를 권한 이유는 나비가 곤충 연구의 출발점이 될 수 있기 때문이었다.

석주명도 나비에 대해 흥미를 느끼고 있었다. 나비가 꽃가루를 옮겨 식물의 열매를 맺게 하고 번식시키는 데 관심이 있었다. 하지만 석주명은 나비보다는 식물에 더 관심이 많았다.

"저, 그렇지만 학자가 되고 싶다고 해서 저 같은 조선 사람이 대학 교수가 되는 건 어려울 것 같습니다."

석주명은 학자가 되라는 오카지마 선생님의 말에 그다지 탐탁지 않은 말투로 대답했다.

"교수만 학자가 아닐세. 교수가 되고 안 되고는 중요하지 않네."

오카지마 선생님은 잠시 뜸을 들인 후 분명한 목소리로 말을 이어갔다.

"정말 학자는 누구도 밝히지 못한 것, 누구도 하지 못한 걸 하는 사람일세. 바로 그게 중요한 거야."

그 순간 석주명에게 어떤 깨달음이 스쳐 지나갔다.

'누구도 밝히지 못한 것……. 누구도 하지 못한 것…….'

오카지마 선생님은 계속 말을 이어갔다.

"자네, 조선에 돌아가서 나비를 연구해 보게. 조선의 나비는 아직 연구가 안 되어 있으니까, 자네 같은 사람이 달려든다면 금세 좋은 결과를 얻을 수 있을 거네."

"조선의 나비를요?"

"내가 조금만 젊다면 직접 해 보고 싶네만, 자네도 알다시피 난 내년이면 예순일세. 다시 어떤 연구를 시작하기엔 나이가 너무 많아. 그러니……."

잠시 말을 멈췄던 오카지마 선생님은 석주명을 쳐다보며 단호하게 이야기했다.

"지금까지 자네가 공부하는 태도를 지켜보니 자네는 틀림없이 그 일을 해낼 수 있을 것이라 믿네. 딱 10년만 모든 것을 잊고 조선의 나비만 연구해 보게. 그러면 조선 나비에 대해 누구보다 잘 아는 세계적인 학자가 될 걸세."

"……."

석주명은 갑작스러운 선생님의 말씀에 뭐라고 대답을 해야 할지 몰랐다. 그리고 자신이 정말 그 일을 할 수 있을지에 대한 확신도 없었다.

"조금 더 생각해 보겠습니다."

오카지마 선생님의 이야기를 듣고 돌아온 석주명은 그 후 며칠 동안 그 문제에 대해 곰곰이 생각했다.

'오카지마 선생님은 일본 곤충학회 회장까지 지내신 분이야. 그런 선생님이 나에게 조선의 나비를 연구해 보라고 하시는데……. 한번 해 볼까? 내가 정말 할 수 있을까?'

석주명은 이리저리 바뀌는 마음 때문에 제대로 먹지도 자지도 못했다. 일주일을 그렇게 지낸 석주명은 마치 다른 사람처럼 보였다. 잠을 자지 못해 눈은 빨갛게 충혈되었고, 밥을 먹지 못해 얼굴은 눈에 띄게 수척해졌다.

그렇게 며칠을 보낸 석주명은 드디어 결정을 내렸다.

"그래, 해 보자. 나비를 연구하는 건 우리나라 과학을 발전시키는 일이기도 해. 미래는 분명히 과학이 발달한 나라가 잘사는 나라가 될 거야."

석주명은 어느새 주먹을 꽉 쥐고 있는 자신을 발견했다. 그러고는 계속해서 중얼거렸다.

"10년 동안 나비 연구에 매달려 보자. 그러면 반드시 무언가를 이룰 수 있을 거야."

마침내 석주명은 결심을 했다. 조선으로 돌아가 10년 동안 나비를 연구하기로. 그 누구도 하지 못한 일을 하기로…….

몰입을 하려면 어떤 것이 필요할까? 몰입을 하기 위해서는 우선 자신이 하는 일, 하고 싶은 것에 대한 분명한 목표가 있어야 한단다. 궁수가 활을 잘 쏘기 위해서는 정확한 목표가 있어야 하는 것과 같지.

나도 어렸을 때에는 엄청난 개구쟁이였단다. 그러다가 내 인생의 목표가 생기게 한 스승을 만났지. 바로 오카지마 선생님이야. 선생님은 곤충을 좋아한 나에게 나비 학자가 되라고 하셨어. 그 당시 우리나라에는 굶주리는 사람이 많아 나는 우리나라를 잘살게 하고 싶었어. 그러기 위해서는 과학을 발전시켜야 한다는 생각이 들었지. 미래는 과학이 발전한 나라가 잘살게 될거라는 확신이 있었거든. 이런 꿈이 있었기 때문에 내가 적어도 10년 동안 몰입할 분명한 목표를 정할 수 있었단다. 그 목표가 바로 '나비'였어.

우리 친구들도 목표가 있니? 목표는 희망과는 조금 다르단다.

예를 들어 선생님께서 다음 주까지 재활용품으로 뭘 만들지 생각해 오라는 숙제를 내 주실 때가 있어. 이때 재활용품을 이용해서 잘 만들고 싶다는 것은 희망이고, 재활용품을 이용해 자동차, 로봇, 화분 등 무엇을 구체적으로 만들어 보겠다는 것은 목표가 되는 거야. 즉 내가 바라는 희망을 이루기 위해 구체적인 행동으로 옮기는 것이 목표란다. 우리 친구들도 희망을 이루기 위한 구체적인 목표를 세워 보렴.

분명한 목표를 정한 날에 석주명

나비 박사 석주명이 들려주는
몰입 열쇠 ❷

분명한 목표를 정하라

머릿속에 생각만 하는 목표는 아무 소용이 없단다. 이루고자 하는 목표를 정해 종이에 써서 책상 앞에 붙여 보렴. 목표가 잘 보이도록 크게 써 붙이면 자신감이 더욱 생겨나지. 목표는 구체적으로 적는 것이 좋아. 만약 몸을 튼튼하게 하려는 목표를 세운다면 '군것질을 하지 않기', '날마다 줄넘기 100번 하기', '외출하고 돌아오면 손 씻기' 등과 같이 구체적인 계획을 적으면 몰입하는 데 도움이 된단다.

어릴 적 목표를 이룬 이소연의 몰입

한국인 최초로 우주에 간 이소연에게 어릴 때 "넌 커서 뭐가 되고 싶니?"라고 물으면 "내 꿈은 우주에 가 보는 거예요!"라고 큰 소리로 대답했단다. 친구들은 맨 처음 우주로 가겠다는 생각을 한 이소연에게 엉뚱하고 불가능한 일이라며 놀렸단다. 하지만 이소연은 포기하지 않고 목표를 향해 노력한 결과 한국항공우주연구원이 되었어.

이소연은 2008년 4월 한국인 최초로 "우리 국민 모두의 열정을 담아 우주로 가겠습니다."란 말과 함께 우주에 간 사람이 되었어. 그리고 우리나라에도 우주 과학의 길이 활짝 열리게 만들었단다.

나비 박사 석주명에게 배우는 몰입
몰입 열쇠 ❸ 천천히 오래 하라

3
나비를 잡아 오는 게 숙제라고요?

석주명은 불볕더위에도 아랑곳하지 않고 전국 방방곡곡을 누비고 다녔다. 한 손에는 포충망을 들고, 어깨에는 채집통을 메고……. 나비를 잡느라고 얼마나 돌아다녔던지 안 그래도 까만 얼굴이 더욱 까맣게 보였다. 그리고 석주명의 나비 보관 상자에는 온갖 종류의 나비 이천 마리가 가지런히 정리되어 있었다.

"똑! 똑! 똑!"
"네, 들어오세요!"
석주명은 송도고등보통학교 교장실 문을 두드렸다. 그러자 안에서 조금 쉰 목소리가 들려왔다.
"아, 석주명 선생! 무슨 일이세요? 우선 거기 소파에 앉지요!"
교장 선생님은 자리에 앉을 것을 권했다. 석주명은 둥근 얼굴에 늘 호기심이 가득한 교장 선생님의 인상을 좋아했다.

석주명은 2년 전 조선에 돌아왔다. 나비를 연구하겠다는 부푼 꿈을 안고 귀국한 석주명은 먼저 생물 선생님이 되기로 했다. 나비를 연구하기 위해서는 우선 안정된 생활이 뒷받침되어야 했다.
석주명은 함경도 함흥에 있는 영생고등보통학교의 생물 선생님이 되어 학생들을 가르쳤다. 고등보통학교란 지금의 중·고등학교에 해당되는 학교였다.

　석주명은 2년 동안 영생고등보통학교에서 근무하다가 이번에 개성에 위치한 송도고등보통학교에 생물 교사 자리를 얻어 옮겨 왔다. 송도고등보통학교는 일본에 가기 전에 석주명이 다녔던 학교로, 모교에서 후배를 가르치고 싶어했던 그에게 좋은 기회였다.

　석주명은 가고시마 농림학교로 유학을 가기 전에 결혼을 했었다. 그때만 해도 결혼을 일찍 하는 추세여서 석주명도 고등보통학교를 졸업하고는 곧바로 결혼을 했던 것이다.

　"여보, 당신만 혼자 두고 일본에 가려니 발걸음이 떨어지지 않는구려. 더구나 결혼한 지 한 달도 안 됐는데……."

　"그래도 공부 때문에 가시는데 어떻게 하겠어요. 마음을 강하게 먹고 건강하게 다녀오세요!"

　아내는 단호한 말로 유학을 망설이는 석주명을 배웅했다. 3년 후 아내는 가고시마 농림학교를 졸업한 석주명을 밝은 웃음으로 맞이했다.

　하지만 다시 만난 두 사람의 행복했던 시간도 잠시뿐, 아내는 폐렴으로 세상을 떠나고 말았다. 결혼을 하자마자 석주명이 일본으로 갔으니 두 사람이 같이 산 것은 얼마 되지도 않았다.

　"여보! 같이 살아 보지도 못하고 이렇게 떠나 버리면 나는 어떡하란 말이오."

석주명은 아내를 잃은 슬픔에 가슴이 찢어질 것 같았다. 그는 슬픔을 이겨내기 위해 더욱 열심히 나비 연구에 매달렸다.

"부탁드릴 게 있습니다. 학교 박물관의 업무를 맡고 싶습니다."
단도직입적인 석주명의 부탁에 교장 선생님은 조금 당황해하며 대답했다.
"박물관이라고요? 거긴 본관에서 너무 떨어져서 아무도 가고 싶어 하지 않는데……."
학교 박물관은 학교 뒤편의 나지막한 산자락에 자리한 낡은 2층 건물이었다. 수업을 하는 본관에서 멀기도 하고 언덕길 위에 있어 왔다 갔다 하기가 힘들기 때문에 다른 선생님들은 박물관 일 맡는 것을 꺼려했다.
"석 선생님이 원하신다면야……."
교장 선생님은 스스로 박물관 일을 하겠다고 나선 석주명을 의아하게 생각했다. 하지만 누군가 해야 할 일인데 먼저 나서 주었으니 굳이 말릴 필요는 없었다.
"그러면 오늘 당장 제 짐을 그리로 옮기겠습니다."
교장 선생님이 허락하자 석주명은 서둘러 나갔다.
석주명은 송도고등보통학교로 옮겨 온 지 거의 두 달이나 지났는데도 나비에 대한 연구를 시작조차 못 한 상황이었다. 그래서 석주명은 일부러 본관과 떨어진 한적한 박물관에 가서 자신이 하고 싶은 공

부를 하려고 교장 선생님을 찾아가 허락을 받은 것이다.

 교장실에서 나온 석주명은 교무실에 있는 짐들을 꾸려 박물관으로 향했다. 박물관은 지상 2층, 지하 1층으로 된 건물이었다. 건물은 이곳저곳 칠이 벗겨져 더욱 낡아 보였다. 하지만 건물 주위를 둘러싼 느티나무들은 오래된 만큼 크고 높게 뻗어 있었다.

'그래, 바로 여기야. 공부는 이런 곳에서 해야 돼.'

다음 날 석주명은 다시 교장 선생님을 찾아갔다.

"아니, 왜요? 박물관에서 일하기가 너무 힘들어요?"

교장 선생님은 석주명이 마음을 바꿔 박물관 일을 못 하겠다고 알리러 온 것으로 생각했다. 하지만 석주명이 다시 교장 선생님을 찾아간 이유는 따로 있었다.

"저, 제가 맡은 수업도 박물관 2층 교실에서 하겠습니다."

"아니, 그건 학생들이 싫어할 텐데요."

수업마저 박물관에서 하겠다는 석주명의 부탁에 교장 선생님은 학생들 핑계를 댔다. 사실 학생들도 수업을 받으러 박물관까지 가야 하는 걸 좋아할 리 없었다.

"학생들은 제가 알아서 하겠습니다."

"그렇다면야……."

교장 선생님은 썩 내키지 않았지만 허락을 했다. 지난 두 달간 석주명을 지켜본 결과 석주명은 자기가 마음먹은 일은 반드시 하고 만다는 걸 알았기 때문이다.

박물관으로 자리를 옮긴 석주명은 본격적으로 나비 연구에 매달렸다. 수업 시간만 끝나면 연구실에 틀어박혀 나오지 않았다. 또 박물관 일을 한다는 핑계로 담임도 맡지 않고 연구에만 매달렸다.

특히 휴일이 되면 직접 학교 주위로 나비 채집을 나섰다. 한 손에는 기다란 포충망을 들고 어깨에는 채집통을 둘러멘 석주명은 운동장 주변, 화단, 뒷산 등에서 나비 잡기에 열중했다.

'그래, 부지런히 나비를 채집하자. 그동안 못 했던 몫까지……'

석주명은 학교 근처에 있는 나비를 그럭저럭 다 채집하자 발걸음을 개성 시내로 돌렸다. 포충망을 들고 채집통을 멘 석주명의 모습은 금방 개성의 명물이 되었다.

"점잖은 선생님이 저게 뭐야? 그물 달린 이상한 작대기를 들고는……."

마을 사람들은 그때까지 포충망을 본 적이 없었다. 그러니 포충망을 그물 달린 작대기로 보는 것이 당연했다. 게다가 그것을 들고 다니는 사람이 선생님이라는 것을 알고는 혀를 차고 입방아를 찧었다. 하지만 석주명은 마을 사람들의 그런 시선에도 아랑곳하지 않고 자신의 일에만 몰입했다.

"먹지도 못하는 나비를 왜 그렇게 잡아요?"

"나비를 공부하려고 그럽니다."

석주명은 간혹 사람들이 물으면 웃으면서 대답했다.

"아니, 왜 나비를 공부해요?"

"아무도 안 하니까 제가 하지요."

늘 이어지는 사람들의 질문에 석주명은 항상 같은 대답을 했다. 그리고 이렇게 생각했다.

'그래요. 아무도 안 하는 것, 아무도 밝히지 못한 것을 제가 하려고 합니다. 그리고 제가 하는 나비 연구는 나중에 우리나라 과학 발

전에 도움이 될 겁니다. 이제는 과학이 발달한 나라가 잘살게 될 테니까요.'

여름방학을 코앞에 둔 어느 날이었다. 박물관 2층 교실에서 생물 수업을 받던 학생들은 어서 종이 울리기만 바라고 있었다.

"이제 조금 있으면 여름방학이다."

"와!"

석주명의 말에 학생들은 모두 하나가 되어 큰 소리로 외쳤다.
"방학 숙제를 내줘야 할 텐데……."
방학 숙제라는 말에 이번에는 학생들이 풀 죽은 목소리로 웅성거렸다.
"안 내주셔도 되는데……."
"수학 숙제도 굉장히 많아요."
"맞아요. 역사 숙제도 엄청납니다."
교실 밖에서는 기운차게 울어 대는 매미 소리와 함께 시원한 바람이 불어왔다.
"자, 조용! 조용! 그래서 생물 숙제는 한 가지만 내기로 했다."
석주명이 잠깐 말을 멈추고 뜸을 들이자 학생들은 모두 석주명의 입만 쳐다보고 있었다.
"이번 방학 숙제는 나비를 이백 마리 잡아 오는 거다."
"나비를 잡아 오는 게 숙제라고요?"

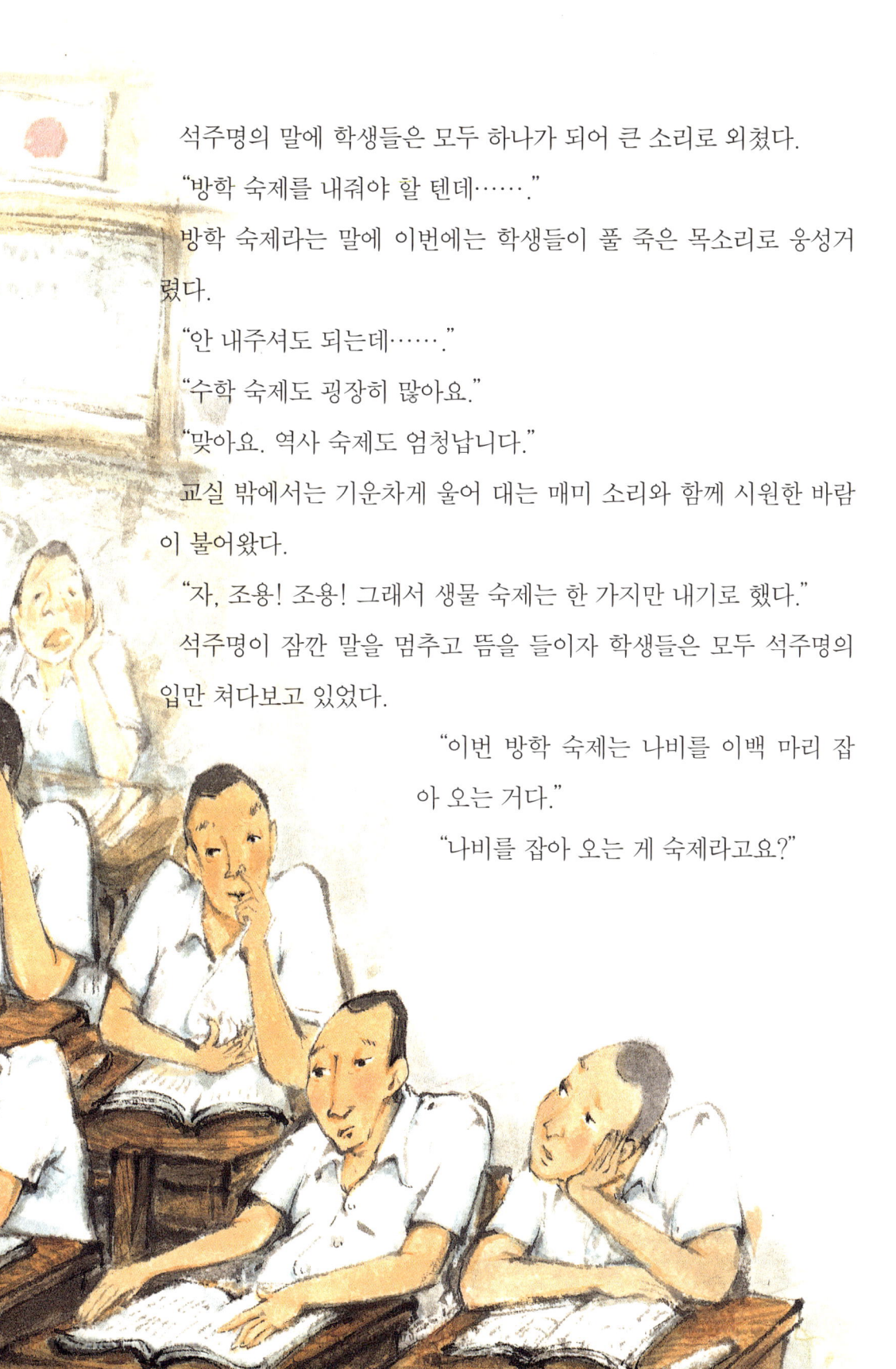

"이, 이백 마리라고 하셨습니까?"

석주명은 학생들의 웅성거림을 자르듯이 단호하게 말했다.

"물론 이백 마리가 많을 수도 있다. 하지만 하루에 열 마리씩만 잡으면 충분하다."

한 번 헛기침을 한 석주명은 다시 말했다.

"단, 선생님도 여러분들에게 약속을 하겠다. 선생님은 나비 이천 마리를 잡아 올 것이다."

당시 송도고등보통학교는 공부 잘하는 학생들이 모인 학교로 유명했다. 그래서 개성뿐만 아니라 전국 곳곳에서 실력 있는 학생들이 송도고등보통학교로 유학을 왔다. 그런 학생들은 방학이 되면 제각각 고향으로 돌아갔다.

'학생들에게 나비를 잡아 오는 숙제를 내주면 이곳저곳의 나비를 모을 수 있을 거야. 그리고 나도 방학을 이용해 여기저기를 다니면서 가능한 한 많은 나비를 채집해야지.'

그해 여름방학은 석주명에게도 학생들에게도 아주 짧게 느껴졌다.

석주명은 불볕더위에도 아랑곳하지 않고 황해도, 강원도, 평안도를 누비고 다녔다. 한 손에는 포충망을 들고, 어깨에는 채집통을 메고······.

학생들도 나비를 잡느라 온 고향 마을을 헤매고 다녔다. 평소에는 그렇게 자주 눈에 띄던 나비가 막상 잡으려고 하니 다 어디에 갔는지. 이백 마리나 되는 나비를 잡는 일은 생각보다 어려웠다.

드디어 개학 날이 되었다. 박물관 2층 교실 문이 열리고 석주명이 들어섰다. 두 손으로 자기 키의 반절이나 되는 나무 상자 꾸러미를 간신히 들고는 교탁 앞에 섰다. 나비를 잡느라고 얼마나 돌아다녔던지 안 그래도 까만 얼굴이 더욱 까맣게 보였다.

"자, 나는 여러분들과의 약속을 지켰다."

석주명은 나무 상자를 하나씩 들어 학생들에게 보여 주었다. 나무 상자 속에는 방학 동안 잡은 온갖 종류의 나비 이천 마리가 가지런히 정리되어 있었다.

"와!"

"정말 대단하시다!"

학생들은 석주명이 잡은 나비들을 보고 입을 다물지 못했다. 자신들도 직접 해 봤기 때문에 나비 잡는 일이 얼마나 어려운지 알고 있었던 것이다.

"여러분도 모두 숙제를 했을 줄 안다. 한 사람씩 숙제를 가지고 나와 교탁에 놓거라."

석주명은 웃으며 말을 이어갔다. 검은 얼굴 때문에 이가 더욱 희게 보였다.

"숙제를 안 해 온 학생들에게는 벌이 있을 거다. 하지만 숙제를 해 온 학생들 중 희귀한 나비를 잡아 온 학생에게는 상이 있을 거다."

몸을 쭈뼛거리며 자기 자리에 앉아 있는 몇 명의 학생을 제외하고는 한 사람씩 교탁 앞으로 나와 방학 동안 애써 준비한 숙제를 제출

했다. 학생들이 숙제를 다 내자 석주명은 다시 이야기했다.

"나비를 잡느라 고생이 많았지?"

"네, 정말 힘들었어요."

"나비 잡느라 다른 과목 숙제는 못 했어요."

학생들의 엄살 섞인 푸념 속으로 석주명의 이야기가 울려 퍼졌다.

"나비를 채집하면서 알게 된 사실이 있을 거다. 잡은 나비들이 대부분 비슷한 모양에 비슷한 색깔을 하고 있지?"

"어! 어떻게 아셨지?"

"난 내가 잡은 나비만 그런 줄 알았는데."

학생들은 석주명의 말을 듣고 보니 정말 신기하다는 듯 서로의 얼굴을 쳐다보았다.

"나비가 살기 위해서는 나비의 먹이인 식물이 필요하다. 또 그 식물이 살기 위해서는 일정한 기후가 필요하고……."

석주명은 호기심이 가득한 학생들의 눈빛에 보답이라도 하듯 큰 소리로 말을 이어갔다.

"그래서 일정한 기후를 지닌 지역에는 비슷한 나비들만이 살게 되는 거다."

학생들은 모두 고개를 끄덕였다. 살아 있는 지식을 얻는 순간이었다. 또 나비를 잡느라고 방학 내내 쌓였던 불만이 사라지는 순간이기도 했다.

그로부터 며칠이 지난 생물 시간이었다.

"김철만 학생, 일어나 봐라."

석주명은 교실에 들어서자마자 한 학생을 불러 일으켜 세웠다.

"김철만! 자네가 잡아 온 나비가 이번 방학 숙제 중 가장 희귀한 나비로 뽑혔다."

석주명은 학생들의 웅성거림 사이로 말을 이어갔다.

"그래서 약속대로 자네에게 상을 주겠다. 자! 내가 아끼는 만년필이다. 나와서 받아 가거라!"

"와!"

학생들은 모두 가벼운 탄성을 질렀다.

석주명은 쭈뼛대며 교탁 앞으로 나온 김철만에게 자신이 쓰던 만년필을 주었다. 김철만은 얼굴이 발갛게 상기되어 만년필을 받자마자 자기 자리로 뛰어 들어갔다.
　"철만이가 잡아 온 나비는 비율빈(필리핀)을 비롯한 아열대 지방에서만 사는 나비로 알려져 있었다. 그런데 철만이가 그 나비를 잡아 왔기 때문에 우리나라에서도 산다는 것이 확인된 거나. 정말 대단하다, 김철만!"
　다른 학생들이 부러운 듯 바라보자 김철만의 얼굴은 더욱 붉게 물들어갔다.

엄마, 아빠가 너희같이 초등학교 다니던 시절에 방학 때가 되면 빠지지 않는 숙제가 있었는데 바로 곤충 채집이었어. 남자 아이들은 숙제를 핑계로 산으로 들로 놀러 다니면서 쉽게 할 수 있어 거저먹기 숙제라 좋아했단다. 하지만 살아 있는 곤충을 주사기로 마취약을 투입하고 여기에 바늘 핀으로 고정까지 하는 것이 너무 잔인하다고 싫어하는 친구들도 있었지. 개학하는 날에 곤충 채집해 온 것을 보면 정말 여러 곤충들을 볼 수 있는 시간이었어. 지금은 대기 오염이 심해 곤충이 사라지고 있어 자연을 보호해야 한다는 이유로 곤충 채집 숙제는 사라졌지만, 그때는 나비가 주위에서 흔히 볼 수 있는 곤충이었어.

생물 선생님으로 있었을 때, 나는 '개체변이'의 연구를 하고 있었단다. 개체변이란 모든 생물은 같은 종이라고 하더라도 환경에 의해 조금씩 달라지는 것을 말하는 거야. 그 당시 일본 학자들은 우리나라의 나비를 모양이 조금만 달라도 다른 종으로 분류했어. 그래서 나비 종류가 800종이 넘게 분류되었지. 난 우리나라 나비를 채집해 날개의 길이나 모양, 무늬 등을 일일히 조사하고 연구했어. 그래서 우리나라 나비를 최종 248종으로 분류했단다. 이 일을 하는 데 10년이 넘게 걸렸어.

이처럼 몰입은 시간이 오래 걸리는 것도 있어. 우리 친구들도 어떤 일이든지 한 번 해 보고 되지 않으면 "나는 안 되는구나" 하고 쉽게 포기하지 않았으면 좋겠구나.

오랫동안 개체변이 연구를 하면서 석주명

나비 박사 석주명이 들려주는
몰입 열쇠 ③

천천히 오래 하라

한 가지 일에 오랫동안 매달리다가 결국 해결한 적이 있니? 처음에는 한 가지 일에 몰입하는 것이 어렵지만 연습을 거듭하면 점점 오래 할 수 있는 능력이 생겨날 거야. 책상에 앉아 공부할 때, 물이 먹고 싶거나 화장실을 가고 싶지 않도록 미리 물도 마시고 화장실도 다녀오도록 해. 그럼 내가 목표로 정한 시간에는 자리에서 일어나지 않고 몰입할 수 있단다. 이렇게 하루에 10분씩 몰입 시간을 점점 늘려가다 보면 나중에는 1시간 정도는 쉽게 몰입할 수 있을 거야.

오랜 시간을 생각하는 아인슈타인의 몰입

물리학자로 유명한 아인슈타인은 "나는 문제가 생기면 몇 달 몇 년을 생각합니다. 또 생각하는 과정에서 99번은 틀리고 100번째가 되어서야 비로소 맞는 답을 찾아낼 때도 있습니다."라고 이야기했단다.

한 문제를 풀기 위해 생각하고 또 생각하며 그 문제에 몰입하였다는 뜻이지. 간혹 한 문제를 이렇게 오랫동안 생각할 필요가 있느냐라고 이야기하는 사람도 있겠지만, 이렇게 오랫동안 몰입하여 풀어낸 답은 '광양자설', '아인슈타인의 상대성 이론'이라는 이름으로 불리며 획기적인 과학 발전을 가져 왔단다.

나비 박사 석주명에게 배우는 몰입

몰입 열쇠 ❹ 주변 환경을 만들어라

4
연구 또 연구

석주명은 나비 연구를 하면 할수록 시간이 모자라는 것을 깨달았다. 그래서 생물 수업과 학교 업무 외의 자투리 시간을 좀 더 아끼기로 마음먹었다. "다른 사람들이 뭐라고 해도 좋아. 나에겐 나만의 원칙이 있으니까." 석주명은 누구를 만나든 10분 이상 시간을 내주지 않는 원칙을 세웠다.

1931년도 벌써 가을로 접어들고 있었다. 박물관 부근의 나무들도 하나, 둘씩 노랗고 붉은 옷으로 갈아입기 시작했다.

박물관의 연구실 창문 안으로 고개를 숙이고 무언가를 뚫어지게 살피고 있는 석주명의 얼굴이 보였다. 더위도 거의 물러갔는데 석주명의 까맣게 그을린 이마에는 땀방울이 송글송글 맺혀 있었다.

석주명은 조심스럽게 곤충을 채집할 때 쓰는 삼각지(삼각형으로 된 종이봉투)를 벌렸다. 그러고는 삼각지 안에 든 나비 한 마리를 꺼냈다. 검은 바탕에 화려한 무늬를 지녔으며 크기도 꽤 컸다.

"이건 호랑나비 종류인 것 같은데……."

석주명은 먼저 자를 들어 나비의 크기를 쟀다.

"9.7센티미터로군. 거의 10센티미터에 가까운데."

석주명은 나비의 크기를 연구 노트에 적었다. 그런 다음 나비의 모양을 그리기 시작했다. 날개에 있는 무늬 하나, 줄 하나도 틀리지 않게 꼼꼼히 그렸다. 그러고는 다시 나비를 뒤집어 놓고 뒷면의 모양도 그려 나갔다.

　　"앞면과 뒷면의 색깔이 다르군. 앞은 짙은 남색인데 뒤는 회색이야. 또 뒷면에는 붉은 점이 일곱 개가 있군."

　　혼자서 중얼거리던 석주명은 자신의 연구 노트에 그린 나비 그림에 색깔과 특징도 표시했다. 마치 신기한 것을 본 아이마냥 잠시도 나비에서 눈을 떼지 못했다.

　　그는 나비를 다시 삼각지에 넣더니 연구 노트를 이리저리 넘기면서 무언가를 찾았다.

　　"여기 있네, 호랑나비! 그래, 산호랑나비도!"

　　방금 보았던 나비를 예전 연구 노트에 정리해 두었던 나비와 비교해 보는 중이었다. 석주명은 흘러내리는 안경을 치켜올린 후 호랑나비와 산호랑나비에 대해 기록해 놓은 것을 꼼꼼히 살펴보았다.

　　"그래! 호랑나비나 산호랑나비는 이렇게 크질 않아! 무늬도 노란색에 가깝고!"

　　석주명은 흐뭇한 표정으로 다시 한 번 삼각지 속의 나비를 바라보더니 조심스럽게 보존 상자에 넣었다.

　　석주명의 나비에 대한 조사와 정리 작업은 벌써 6개월이 넘게 계속되고 있었다. 석주명은 학생들의 방학 숙제를 받은 이후로 작업에 더욱 열을 올리게 되었다.

  처음에 석주명은 조사와 분류를 끝낸 나비들을 오동나무로 만든 표본 상자에 넣어 진열했다. 연구실에는 표본 상자 40개가 들어가는 서랍식 진열장이 6개나 있었다. 표본 상자 하나에 나비가 20마리씩 들어가니 거의 5천 마리의 나비를 진열할 수 있는 공간이었다.

  하지만 얼마 가지 않아 연구실의 진열장은 표본 상자로 가득 차 버리고 말았다.

'어라, 이제 표본 상자를 어디다 두지.'

처음에는 표본 상자가 늘어나는 것을 흐뭇한 표정으로 바라보던 석주명도 이제서야 문제의 심각함을 깨닫게 되었다. 진열장뿐만 아니라 책상에도, 책장에도, 심지어는 바닥에도 표본 상자가 가득했다.

'안 되겠어. 이러다간 내가 나비들에게 파묻히고 말겠어.'

그로부터 일주일쯤 지난 후였다.

"주문하신 상자 가지고 왔습니다."

쉰 살 남짓 되어 보이는 한 남자가 손수레 한가득 나무 상자를 싣고 박물관 앞에 와서 석주명을 찾았다.

석주명은 서둘러 나오더니 나무 상자를 들고 이리저리 유심히 살펴보았다.

"그래, 이 정도면 되겠어!"

나무 상자는 삼각지의 크기에 맞추어 주문한 나비 보존용 상자였다. 석주명은 나비를 삼각지에 넣어 번호표를 붙인 후 보존 상자에 차곡차곡 넣을 생각이었다. 그러면 한 상자에 1만 마리 정도의 나비가 들어가니 당분간 나비를 보관하는 데는 어려움이 없을 것 같았다.

하지만 얼마 지나지 않아 보존 상자도 연구실에 넘쳐 나게 되었다. 어쩌면 그건 당연한 일인지도 몰랐다. 석주명은 다른 나비 학자들처럼 연구하지 않았기 때문이었다.

석주명은 자신이 잡은 나비, 학생들이 잡은 나비 모두를 한 마리씩 한 마리씩 조사하고 분류했다. 그리고 서로 닮은 나비가 있으면 더욱 꼼꼼히 관찰해 비슷한 점과 다른 점을 정확하게 기록했다.

다른 학자들은 몇 가지 종류의 나비만을 조사해 서둘러 연구 결과를 발표하기에 급급했다. 나비의 이름은 그 나비를 처음 발견한 사람의 이름을 따서 붙이는 것이 원칙이었다. 그래서 자신의 이름을 나비에 붙이기 위해 모양이 조금만 다르면 새로운 종류의 나비라고 주장하고 나서는 학자도 있었다.

"이건 아니야. 무늬만 다를 뿐 팔랑나비에 속하는 거야."

석주명은 자신과 학생들이 잡은 나비를 한 마리씩 조사하고 정리하면서 같은 종류의 나비가 다른 나비로 알려진 것들을 밝혀냈다.

석주명은 나비에 대한 연구를 하면서 잘못 알려진 우리나라 나비의 이름을 고쳐 나갔다. 그렇게 10년이 넘게 직접 확인해 800여 개가 넘는 잘못된 학명을 정리했다.

"아니야! 아니야!"

무언가를 골똘히 읽던 석주명이 갑자기 고개를 크게 저었다. 시마자키라는 유명한 일본인 학자가 자신이 처음 발견했다는 '검은반점나비'에 대해 소개한 글이었다.

석주명은 읽던 책을 탁 덮더니 벌떡 일어나 연구실 안을 왔다 갔다 하기 시작했다.

"그건 검은반점나비가 아니야. 무늬만 다르지 배추흰나비라고."

석주명은 책장으로 가 연구 노트 몇 권을 빼 왔다. 책상 위에 그것들을 펼쳐 놓은 후 다시 큰 소리로 혼잣말을 했다.

"봐! 크기만 다르지 무늬의 위치나 숫자는 똑같잖아."

석주명은 어떻게 할까 고민했다. 검은반점나비가 처음 발견된 것이 아니라 배추흰나비의 한 종류임을 밝혀야 했다.

"잘못된 건 바로잡아야 해. 그런데 어떡하지? 일본까지 갈 수도 없고……."

석주명은 고민 끝에 편지를 보내기로 했다. 배추흰나비에 대해 정리한 것을 편지에 꼼꼼히 적었다.

'그래, 이러면 누구라도 검은반점나비가 아니라 배추흰나비라는 것을 알 거야.'

석주명은 시마자키가 자신의 주장이 잘못되었다는 것을 인정하는 답장이 곧 올 것이라 생각했다. 하지만 하루, 이틀, 사흘……. 한 달이 넘어도 답장은 오지 않았다.

그러던 중 석주명은 시마자키가 아니라 오카지마 선생님에게서 편지 한 통을 받았다. 얼마 전 오카지마 선생님에게도 시마자키의 주장이 잘못되었다는 내용의 편지를 보냈는데 그 답장이었다.

석주명은 반가운 마음에 서둘러 편지 봉투를 열어 보았다. 그런데 편지에는 뜻밖의 내용이 있었다. 시마자키가 폐렴에 걸려 목숨이 위태롭다는 것이었다.

편지를 읽은 석주명은 고민에 빠졌다.

'아니, 어쩌다 몹쓸 병에 걸려서……. 그렇지만 검은반점나비 문제는 어떻게 하나?'

처음에는 석주명도 더 이상 검은반점나비에 대해 문제 삼지 않으려 했다. 검은반점나비든 배추흰나비든 목숨이 위태로운 사람에게 더 이상 중요한 문제가 아니라고 생각했기 때문이다.

'아니야! 만약 시마자키 씨가 죽는다면 잘못된 주장을 바로잡을 길이 없어. 그건 시마자키 씨도 원치 않는 일일 거야.'

생각을 정리한 석주명은 서둘러 일본 도쿄로 떠났다. 그러고는 곧바로 시마자키가 입원해 있는 병원을 찾아가 검은반점나비가 배추흰나비임을 밝혀 주었다. 시마자키는 석주명의 이야기를 듣고 나서 힘없이 고개를 끄덕이며 간신히 입을 열었다.

"그, 그렇구려. 고맙소. 여기까지 찾아와서 잘못된 것을 일깨워 줘서……."

석주명은 처음 시마자키를 만났을 때 몸도 성치 않은 사람을 괴롭히는 것 같아 마음이 아팠다. 하지만 시마자키의 대답을 듣고 나자 일본까지 오기를 잘했다고 생각했다.

날씨는 점점 추워졌지만 나비에 대한 석주명의 열정은 식을 줄 몰랐다. 찬바람은 난로 하나 없는 박물관 연구실에 몰아닥쳐 살을 에는 듯했다. 연구실 안에 마시기 위해 떠 놓은 물이 얼 정도였다.

옷을 잔뜩 껴입고 거기에다 낡은 담요까지 뒤집어쓴 석주명은 또 나비들과 씨름하고 있었다. 이미 연구실의 시계는 새벽 2시를 가리키고 있었다.

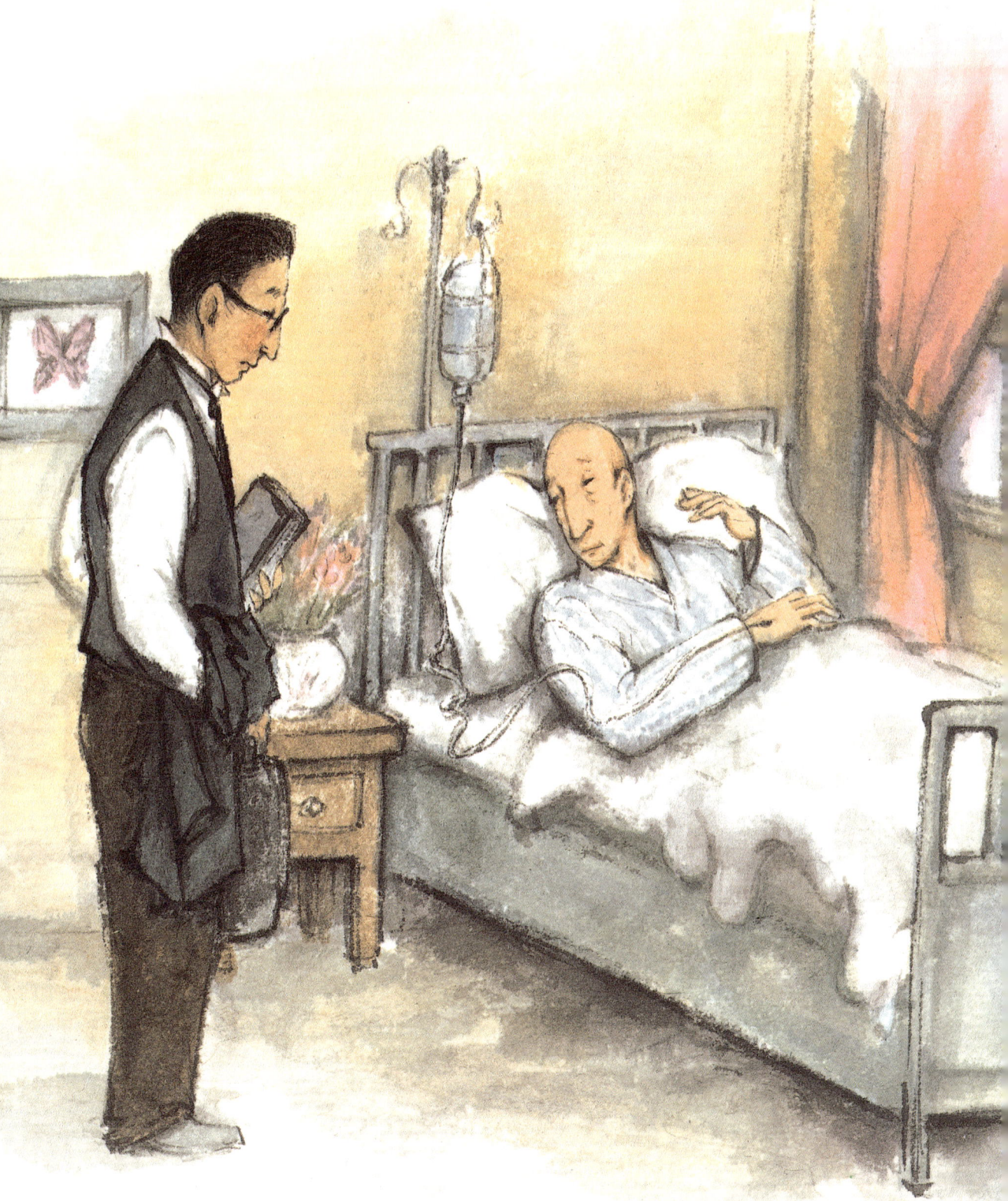

석주명은 줄흰나비로 분류된 것들 중 수컷과 암컷을 꺼내 비교해 보았다. 앞날개와 뒷날개의 길이를 재고 무늬의 숫자를 세었다. 그러고는 연구 노트에 하나하나 써 나갔다.

"으, 추워. 손이 곱아(손가락이 얼어서 감각이 없고 잘 움직여지지 않아) 글씨를 쓰기도 힘드네."

석주명은 연구실에서 숙소로 가는 시간도 아까워 연구실에서 먹고 자기 시작한 지도 한 달이 넘었다. 낮에는 수업을 하고 밤에는 연구를 하니 피곤에 지쳐 눈꺼풀이 저절로 스르르 내려왔다.

"안 되겠어. 이러다 잘못하면 나비가 다치겠는걸?"

석주명은 나비를 한 마리씩 조심스럽게 삼각지에 넣어 놓고는 간신히 몸을 일으켰다. 그리고 몇 번 손으로 얼굴을 문지르곤 책상 바로 옆에 놓인 간이침대에 몸을 뉘었다.

석주명은 나비 연구를 하면 할수록 시간이 모자라다는 것을 깨달았다. 수업과 학교 업무는 끊이지 않고 반복되었다. 또 나비를 한 마리씩 조사하고 정리하는 방법은 많은 시간을 필요로 했다.

'아, 시간이 부족하다. 다른 일들을 모두 관두고 연구에만 몰입할 수 있으면 좋을 텐데……'

하지만 연구만 해서는 당장 먹고살 수가 없었다. 얼마 되지는 않지만 교사 월급이라도 받아야만 연구를 계속할 수 있었다.

그래서 석주명은 계속 학교에서 근무하는 대신 자투리 시간을 좀 더 아끼기로 마음먹었다.

"선생님! 말씀드릴 게 있습니다."

"어, 성호군! 무슨 일인가?"

3학년 수업을 막 끝내고 연구실로 돌아온 석주명은 이성호라는 학생이 따라온 것을 알고 무슨 일인지 물어보았다.

"저기 제 진로에 대해……."

"그래, 그럼 잠깐 의자에 앉지."

석주명은 학생이 졸업 후의 진로 상담 때문에 찾아왔다는 말에 옆에 있던 의자를 끌어당겨 학생에게 앉기를 권했다.

"그런데, 미안하지만 내가 자네를 위해 낼 수 있는 시간은 10분일세. 10분 동안 나에게 물어보고 싶은 것을 물어보게나."

"저기, 저는 문학에 관심이 있는데 전문학교에 진학을 해야 할지, 아니면 그냥 취직을 하는 게 나을지……."

"먼저 전문학교에 진학하려면 학비가 있어야 하네. 또 전문학교를 졸업하고 나서 무슨 일을 할 건지 계획을 세워야 하고."

"학비는 어떻게 하면 될 거 같은데……. 근데 무엇을 해야 할지 잘 몰라서……."

"내 생각에는 무엇보다 자네의 결심부터 분명히 해야 할 것 같네."

석주명과 학생의 대화는 정확히 10분 후에 끝났다. 아니, 석주명이 끝냈다고 하는 게 정확했다.

"지금 자네에게 중요한 것은 바로 그것일세. 결심부터 확고히 하면 진로는 자연스럽게 정할 수 있을 걸세. 그럼 돌아가 보게."

석주명의 말에 이성호는 잠시 어안이 벙벙했다. 하지만 짧긴 해도 선생님의 정확한 말씀이 가슴에 와 닿았다.

'그래, 선생님 말씀처럼 내 마음을 먼저 정하자.'

석주명이 누구든 10분 이상 만나 주지 않는다는 사실은 학생들에게만 해당되는 것이 아니었다. 다른 교사들이나 교장 선생님이 찾아와도 마찬가지였다.

한참 동안 나비 연구 노트를 들여다보던 석주명이 기지개를 켜며 창문 쪽으로 눈을 돌렸을 때였다. 교장 선생님의 모습이 언뜻 눈에 들어왔다.

"어, 교장 선생님! 어쩐 일이세요?"

"아, 석 선생! 잠깐 할 말이 있어서……."

교장 선생님은 급히 표정을 가다듬으며 말을 이어갔다.

"저기……. 내년에는 석 선생이 2학년 담임을 좀 맡아 주었으면 하는데……."

"그건 조금……. 저는 박물관 업무를 맡고 있습니다. 거기에다 담임까지 맡는 건 너무 부담이 될 것 같습니다."

"아니, 그런 줄은 알지만……."

"다른 말씀이 없으시면 제가 하던 일을 계속하겠습니다."

석주명은 다시 의자를 고쳐 앉아 책상 위에 놓인 노트를 펼쳤다.

"석 선생! 내가 이 말을 하려고 박물관까지 직접 찾아왔는데, 너무 무례하지 않소?"

이때만큼은 사람 좋은 교장 선생님도 화가 난 것 같았다. 하지만 석주명은 낮지만 단호한 목소리로 이야기했다.

"제가 드릴 말씀은 다 드렸습니다. 지금은 제 연구 시간입니다."

10분 이상 시간을 내주지 않는 석주명의 원칙은 주위 사람들의 오해를 사기에 충분했다.

'다른 사람들이 뭐라고 해도 좋아. 나에겐 나만의 원칙이 있으니까……'

사실 석주명은 자신에 대한 사람들의 시선이 곱지 않다는 것을 알고 있었다. 하지만 그건 어쩔 수 없는 선택이었다.

'수업에, 상담에, 게다가 끊임없이 이어지는 잡무까지……. 이러다간 내가 정해 놓은 10년 동안 아무것도 이룰 수 없을 거야.'

석주명은 연구실 저편으로 물들어 가는 석양을 바라보며 생각을 계속했다.

'아무리 사람들이 오해를 하더라도 나는 내 연구에 집중해야만 해. 그건 나와의 약속이기도 하니까. 나중엔 사람들도 내가 왜 그랬는지 이해할 거야.'

<u>컴퓨터 게임이나 좋아하는 TV 프로그램</u>, 만화책을 볼 때 엄마가 부르는 소리가 들리지 않은 적이 있지? 그 정도로 내가 재미있어하고 좋아하는 일에 몰입하였기 때문이란다. 몰입하지 않으면 놀아도 재미가 없고 공부할 때도 시간이 오래 걸려 금방 싫증이 나기도 해.

오래전 우리나라에는 나비에 대해 정리된 자료가 거의 없었단다. 나는 전국 방방곡곡을 다니면서 잡은 나비를 날개의 무늬 하나, 줄 하나도 틀리지 않도록 꼼꼼히 그리면서 자료를 정리하고 또 정리했단다. 이때 나의 손을 거쳐 간 나비가 60만 마리가 넘었지. 나비에 관한 자료를 정리하고 논문을 쓰고 발표하는 일을 하려니 나는 밥 먹을 시간도 절약해야 할 정도였어. 더구나 낮에는 학생들을 가르치고 저녁에만 시간을 내어 연구를 해야 하니 더욱 진도가 나가지 않았지.

그래서 시간을 최대한 절약하기로 했단다. 밥 먹을 시간을 아끼기 위해 먹기 편한 땅콩으로 끼니를 때우기도 하고, 누구를 만나든지 10분 이상 시간을 내주지 않는 원칙을 세우고 실행했어. 어느 순간 난 나만의 몰입 시간과 환경을 만든 거야. 이 시간은 그 누구의 방해도 받지 않는 나만의 몰입 시간이었어.

우리 친구들도 문제가 생겼을 때 누구도 방해받지 않는 나만의 시간과 공간을 만들어 몰입해 보렴.

나비 연구에 푹 빠진 연구실에서 석주명

나비 박사 석주명이 들려주는
몰입 열쇠 ❹

주변 환경을 만들어라

내 방 주위를 둘러 봐. 내가 숙제에 몰입하려는데 혹시 방해되는 것은 없니? 숙제를 하려는데 게임기가 자꾸 생각난다면 게임기는 잠시 부모님께 맡겨 두렴. 이렇게 몰입하려는데 방해되는 것이 있다면 과감히 치우고 숙제를 하면 1시간이 걸릴 일도 30분 만에 할 수 있는 집중력이 생겨난단다. 몰입하여 숙제를 끝내고 나서 게임을 하면 부모님에게도 신뢰를 얻고, 게임도 마음 편하게 할 수 있어 더욱 신나겠지?

자신의 분야에 몰입 환경을 만든 히로나카 헤이스케

일본의 수학자 히로나카 헤이스케는 평범한 사람이지만 자신의 분야에 몰입해 천재보다 더 빛나는 업적을 남긴 사람이야. 히로나카 헤이스케는 "나는 어떤 문제에 부딪히면 남보다 시간을 두세 곱절 더 투자할 각오를 합니다. 그것이야말로 평범한 두뇌를 지닌 내가 할 수 있는 유일한 방법입니다."라는 말을 했어.

명석한 두뇌가 아니라 뛰어난 노력가로 알려진 히로나카 헤이스케는 수학에 관해서만은 누구에게도 지지 않을 정도의 최고 권위자가 되어 일본의 수학 발전에 많은 영향을 주었단다.

나비 박사 석주명에게 배우는 몰입

몰입 열쇠 ❺ 나만의 것을 멋지게 만들어라

5
『조선산 나비 총목록』을 집필해 주세요!

석주명은 영국왕립아시아학회로부터 『조선산 나비 총목록』이라는 글을 써 달라는 청탁을 받았다. 다른 사람들 같으면 일단 좋은 기회를 놓치지 않으려고 덥석 승낙부터 했을 텐데 석주명은 달랐다. 먼저 자신이 감당할 수 있는 일인가를 생각했다. '대강대강 하느니 아예 안 하는 것이 낫다. 그리고 하려면 제대로 해야 한다'는 것이 석주명의 신념이었다.

"여기가 우리 학교 박물관입니다."

석주명은 연구실 밖에서 들려오는 교장 선생님의 목소리를 듣고 또 시간을 뺏기는 것은 아닐까 하는 걱정부터 했다. 박물관을 연구실로 사용하면서 괴로운 일은 이런 일이었다. 본관과 떨어져 있어 평소에는 조용하지만 학교에 손님이 오면 대개 박물관을 그냥 지나치지 않는다는 것이다.

이미 석주명은 '나비 박사'라는 별명으로 개성 시내에서 유명한 인물이 되었다. 또 연구실을 가득 메운 나비 표본 역시 장안의 명물이 되었을 정도로 많이 알려졌다.

"아니, 나비가 수백 마리도 더 있다며?"

"수백 마리가 뭐야. 수천, 수만 마리도 넘는다던데."

사람들은 석주명이 나비 채집하는 것을 기이하게 생각했다. 그러면서도 나비를 수천, 수만 마리씩이나 모았다는 이야기를 들으면 깜짝 놀라곤 했다. 이렇게 소문이 퍼졌으니 송도고등보통학교를 찾는 손님들이 박물관에 들르는 건 당연한 일이었다.

석주명은 박물관을 찾는 손님들에게 친절하게 안내를 했지만 시간을 뺏기는 것에 대한 안타까움만은 어쩌지 못했다.

"자, 이쪽으로 오세요!"

"땡큐!"

그런데 이번에는 평소와는 다르게 교장 선생님의 말 뒤에 외국어가 들려왔다. 석주명은 정리하던 나비를 제자리에 놓고 서둘러 손님을 맞으러 나갔다. 어차피 맞이해야 할 손님이면 잠시라도 먼저 맞고 빨리 보내는 게 좋겠다고 생각한 것이다.

"아, 석주명 선생님! 안 그래도 선생님을 지금 부르려던 참이었는데……."

교장 선생님 옆에는 금발의 덩치 큰 외국인 한 사람과 통역해 주는 사람이 서 있었다.

"이쪽은 박물관 책임자이신 석주명 선생님입니다."

교장 선생님이 석주명을 소개하자 통역사가 외국인에게 영어로 말했다.

이번에는 교장 선생님이 외국인에 대해 소개를 했다.

"에, 이분은 미국 사람인데, 이름은 모리스이고, 땅을 연구하는 학자인데……."

외국인은 모리스라는 지질학자였다. 몽골의 고비 사막에서 발견된 공룡 화석을 탐사한 후 기차를 타고 경성으로 가던 도중이었다. 그런데 기차 안내 방송을 제대로 알아듣지 못해 개성에서 잘못 내린 것이었다.

"이왕 내렸으니 개성의 명물이나 보고 가야겠습니다."

'개성의 명물이라면……. 송악산, 선죽교, 박연폭포…….'

모리스가 개성의 명물을 보고 싶다고 하자 통역사의 머릿속에는 여러 장소가 생각났다. 그러다가 갑자기 좋은 생각 하나가 뇌리를 스쳐 지나갔다.

"아, 그래! 나비 박물관!"

통역사는 모리스가 화석이나 표본에 관심이 많다는 것을 알고 송도고등보통학교의 박물관을 떠올렸던 것이었다. 송도고등보통학교의 박물관은 어느새 나비 박물관으로 불리고 있었다.

석주명은 모리스와 통역사를 나비 연구실로 안내했다.

모리스는 연구실 사방을 가득 채운 나비를 보고 벌어진 입을 다물지 못했다.

"오, 대단해요. 이렇게 많은 나비를 누가 다 모았습니까?"

"저와 제 학생들이 모았습니다."

모리스는 다시 물었다.

"이게 모두 조선의 나비들입니까?"

"네, 그렇습니다."

"오, 대단해요. 정말 대단해요."

모리스는 연구실 가득 진열된 나비를 보고 대단하다는 말만 반복했다. 그리고 잠시 후 가방을 열어 사진기를 꺼내더니 이리저리 돌아다니며 진열된 나비들을 닥치는 대로 찍기 시작했다.

모리스는 다른 어떤 손님들보다 석주명의 시간을 많이 빼앗았다. 이것저것 많이 아는 것 만큼 질문도 많았기 때문이었다. 하지만 석주명에게 그만한 보답을 해 주었다.

"기차를 잘못 내리길 잘한 것 같습니다. 여기서 이렇게 잘 정리된 조선의 나비를 보게 될 줄이야!"

"이제 겨우 시작 단계에 불과합니다."

석주명이 쭈뼛거리며 겸손해하자 모리스는 뜻밖의 제의를 했다.

"아닙니다. 이 정도면 세계 어디에 내놔도 손색이 없을 듯합니다. 제가 미국에 돌아가면 미국의 곤충학자들에게 석주명 선생님을 꼭 소개하겠습니다."

모리스는 큰 눈을 끔뻑거리며 말을 이었다.

"그리고 가능하면 연구비도 지원받을 수 있도록 하겠습니다. 석주명 선생님 같은 학자는 더 좋은 조건에서 나비를 연구할 수 있어야 합니다."

"그렇게만 될 수 있으면……."

석주명은 갑작스러운 모리스의 제안에 놀랐다. 하지만 곧 연구비

를 지원받을 수 있으면 더 안정된 조건에서 연구를 할 수 있을 거라는 생각이 들었다.

며칠 후 모리스가 석주명에게 한 말은 현실이 되어 돌아왔다.

석주명은 박물관 연구실 책상에서 상자 하나를 들고 감격한 듯 바라보고 있었다.

"저, 정말 미국 나비야. 직접 이렇게 보게 될 줄이야……."

석주명은 모리스의 소개로 미국 곤충학자들에게 알려지게 되었다. 석주명이 먼저 조선의 나비 표본을 미국의 곤충학자들에게 보내자 그들도 미국의 나비 표본을 석주명에게 보내 주었던 것이다.

미국 나비의 표본을 받은 석주명은 뛸 듯이 기뻤다. 그런데 기뻐할 일은 그것만이 아니었다.

석주명은 미국의 하버드 대학 비교 동물학 박물관을 비롯해 뉴욕의 아메리칸 박물관, 시카고의 필드 박물관, 다트머스의 윌슨 박물관 등으로부터 연구비도 지원받게 된 것이다.

"선생님! 또 편지가 왔는데요."

"오, 상인이! 번번이 고맙네."

오상인이라는 2학년 학생이 석주명에게 편지를 갖다 주었다. 번번이 본관에서 박물관까지 뛰어와 편지를 전해 주는 게 석주명은 고맙기도 하고 미안하기도 했다.

"프린스턴 박물관에서 온 거로군. 그러니까……."

조심스럽게 편지 봉투를 뜯어 내용을 읽어 나가던 석주명의 까무잡잡한 얼굴에는 환한 미소가 피어올랐다.

석주명 선생님에게
선생님이 보내 주신 나비 표본이 무사히 도착했습니다.
채집 날짜와 장소를 정확하게 기록해 주셔서 고맙습니다.
우리 박물관에서 선생님의 연구에 도움을 드리기 위해
2년 동안 연구비 1천 달러를 지원하겠습니다.

— 프린스턴 박물관장 H. 로저스

"그래, 2년 동안. 정말 잘됐어."

지난달에 프린스턴 박물관으로 나비 표본 50종을 보냈는데, 아마 연구할 가치가 있다고 판단한 모양이었다.

석주명은 가슴이 뿌듯해짐을 느낄 수 있었다. 연구비를 받기 위해 나비 연구를 하는 것은 아니었지만 연구비를 받으면 그만큼 안정된 조건에서 연구를 할 수 있었다. 또 자신의 노력을 다른 사람들이 알아주는 것 같아 기쁘기도 했다.

석주명은 앉아 있던 의자를 돌려 연구실을 바라보았다. 연구실의 모든 벽은 그동안 채집해 진열된 나비들로 가득 차 있었다. 또 진열장 위와 연구실 바닥에도 나비 보존 상자가 빽빽이 들어서 있었다.

그동안 있었던 크고 작은 일들이 석주명의 머릿속을 스치고 지나갔다. 이상한 사람이라는 오해를 받으면서도 개성 여기저기를 포충망과 채집통을 들고 나비를 잡으러 다니던 일, 학생들의 볼멘소리를 들으면서도 여름방학 때마다 나비를 잡아 오라는 숙제를 내주던 일도 생각났다. 또 잡아 온 나비를 한 마리, 한 마리씩 분류하고 연구 노트에다 꼼꼼히 정리하던 일도 떠올랐다.

생각은 꼬리에 꼬리를 물어 석주명을 어린 시절로 이끌고 갔다.

"아니 누가 에스 몸에 이런 걸 묶어 놓았지?"

부엌에서 나오던 석주명의 어머니가 이상하다는 듯 말했다. 마당에는 강아지 한 마리가 자기 몸에 묶인 수건을 물어뜯으려 하고 있었다. 에스는 석주명이 붙여 준 강아지 이름이다.

"어, 에스! 왜 그래? 가만히 있어."

어머니의 목소리를 듣고 자기 방에서 나오던 석주명이 놀란 듯 외쳤다. 에스가 뱅글뱅글 돌면서 수건을 물어뜯고 있었기 때문이다.

"누가 이런 장난을 쳤지?"

어머니는 쪼그리고 앉아 에스 몸에 묶인 수건을 풀어 주려고 했다.

"어, 엄마! 풀지 마세요. 제가 둘러씌운 거예요."

"아니, 주명이 너, 강아지에게 왜 이런 장난을 하니?"

석주명의 말에 어머니는 놀란 듯 다시 물었다.

"장난한 게 아니에요. 에스가 추울까 봐 제가 수건을 둘러씌운 거예요."

날씨가 추워지자 석주명은 옷 대신 수건으로 강아지 몸을 감싸 준 것이었다. 그뿐 아니라 석주명은 에스에게 자기가 먹는 음식을 나눠 주고 잠도 자기 방에서 재웠다.
　또 송도고등보통학교에 들어가 집을 떠나게 되자 가족들에게 보내는 편지 끝에 항상 에스에 대한 안부를 물었다. 그만큼 동물에 대한 사랑이 각별했던 것이다.
　이렇듯 석주명이 동물들에 관심을 가진 것은 어린 시절부터였다. 수많은 나비를 쫓아다니고 또 한 마리 한 마리씩 조사하고 분류할 수 있었던 것은 마음속에서 키워 온 동물들에 대한 애틋한 사랑 때문이었는지도 모른다.

　1938년 석주명의 나이 서른한 살 때의 일이었다.
　당시에도 석주명은 송도고등보통학교에서 학생들을 가르치며 박물관 업무를 보고 있었다. 이미 그때 석주명은 나비 학자로서 조금씩 인정받고 있었다. 모리스의 도움과 소개를 통해 석주명을 알게 된 외국 학자들이 얼마 지나지 않아 그가 해 온 연구의 가치를 알게 되는 일이 생겼다.

석주명 선생님에게
우리 영국왕립아시아학회는 선생님의 나비 연구에
경의를 표합니다. 그리고 선생님이 조선산 나비를 모두 정리한
목록을 만들어 주시기를 정중하게 부탁드립니다.

— 1938년 영국왕립아시아학회

영국왕립아시아학회로부터 조선산 나비 총목록이라는 글을 써 달라는 청탁을 받은 것이었다. 영국왕립아시아학회는 과학에 관한 한 세계에서 가장 유명한 학회였다. 거기에서 글을 써 달라고 하는 것은 세계적으로 인정을 받았다는 것을 의미했다. 게다가 영국왕립아시아학회로부터 글을 청탁받은 것은 우리나라에서 처음 있는 일이었다.

'정말 좋은 기회다. 그런데 과연 내가 할 수 있을까?'

석주명은 다시 편지를 읽으며 마음을 가다듬었다.

'조선산 나비 총목록을 쓰려면 조선에 있는 모든 나비를 조사해야 해. 그리고 그것들을 종류별로 분류하고, 또 암컷과 수컷으로 나누고……'

다른 사람들 같으면 일단 좋은 기회를 놓치지 않으려고 덥석 승낙부터 했을 텐데 석주명은 달랐다. 먼저 자신이 감당할 수 있는 일인가를 생각했다. 대강대강 하느니 아예 안 하는 것이 낫다, 그리고 하려면 제대로 해야 한다는 것이 석주명의 신념이었다.

'그래, 나는 이미 조선에 있는 나비들 중 반 이상을 조사하고 분류했어. 이번 기회에 조금 더 노력해서 조선의 나비를 정리해 보자.'

석주명은 마음을 가다듬으며 생각을 이어 나갔다.

'처음 나비를 연구하려고 했던 것도 우리나라 과학을 발전시키는 데 도움이 되었으면 하는 마음에서였어. 내가 조선산 나비 총목록을 쓰면 조금이라도 도움이 되겠지.'

결국 석주명은 영국왕립아시아학회의 제안을 받아들이기로 했다. 당시 신문들도 이 일을 특종으로 다루었다.

영국왕립학회지에 조선 나비를 소개
— 개성의 석주명 선생, 지금 논문을 집필 중

현재 개성 송도고등보통학교의 석주명 교사는 영국왕립아시아학회의 부탁을 받고 '조선산 나비 총목록'이라는 긴 논문을 쓰기로 했다고 한다. 석 씨는 지금 제대로 먹고 자지도 못한 채 연구에 매달리고 있다고 한다. 이번 일은 조선에서 처음 있는 일로, 조선 자연 과학이 세계로 나아가는 신호탄이 될 것임이 분명하다.

석주명은 학교를 잠시 쉬기로 하고 도쿄로 갔다. 도쿄 대학교의 도서관에서 나비와 관련된 책과 글들을 모조리 읽으려는 계획이었다.

나비를 채집하고 분류하는 작업에 들어가기 전에 우선, 나비에 대한 공부를 더욱 충실하게 하려는 마음이었다.

도쿄 대학교 도서관에는 나비와 관련된 책이 300여 권, 글이 200여 편 정도 있었다.

'우선 이것들을 다 읽자. 그러면 조금 더 나은 연구를 할 수 있을 거야.'

석주명은 도쿄 대학교 앞에 있는 조그마한 여관방을 잡았다. 그러고는 아침 일찍부터 밤늦게까지 거의 도서관에서 살다시피 했다. 그렇게 3개월 정도 책 읽기에 매달렸을 때였다.

'아, 눈이 왜 이렇게 침침하지? 너무 무리했나?'

오른쪽 눈에 무언가 들어간 것처럼 불편하게 느껴졌다. 석주명은 잠시 눈을 감고 있으면 괜찮을 거라고 생각했지만 눈은 점점 더 침침해졌다.

"결막염이 심합니다. 절대 안정을 취해야 합니다. 아니면 악화되어 실명할 수도 있습니다."

석주명은 병원에 가서 자신의 눈에 문제가 생겼음을 알았다. 도쿄에 온 후 제대로 먹지도 자지도 않고 책만 읽었으니 눈병이 날 만도 했다.

'안 돼. 이제 도쿄에 머무를 수 있는 시간이 얼마 남지 않았어. 빨리 남은 책들을 읽어야 해.'

실명할 수도 있다는 의사의 말에도 불구하고 석주명은 책 읽기를 멈추지 않았다. 결국 오른쪽 눈은 거의 보이지 않게 되었다. 이어 왼쪽 눈마저 침침해지더니 욱신거리기 시작했다.

하지만 석주명은 아픈 눈을 비벼 대며 계속해서 책을 읽어 나갔다. 어떤 때는 양쪽 눈 모두가 빠질 것처럼 아프기도 했지만 그런 고통도 석주명의 연구에 대한 강렬한 의지를 꺾을 수는 없었다.

결국 석주명은 스스로 정해 놓았던 4개월 동안에 도쿄 대학교 도서관에 있는 300여 권의 책과 200여 편의 글을 모두 읽고 조선으로 돌아왔다.

'이제 본격적으로 글을 써 나가자!'

조선으로 돌아온 석주명은 조선 나비에 관한 글을 쓰기 시작했다. 조선산 나비 총목록을 쓰기 위한 준비 작업이었다. 글을 쓰는 중간중간에도 짬을 내 직접 나비를 채집하기도 했다. 게다가 그것을 한 마리 한 마리씩 분류하고 정리하는 일 역시 게을리할 수 없었다. 그러니 글을 쓰는 작업은 무척 더디게 진행되었다.

하지만 더욱 큰 문제는 글을 쓸 도구였다.

'아, 큰일이야. 외국에 보낼 논문을 손으로 써서 보낼 수도 없고……'

당시 글을 쓰는 도구로는 타자기가 있었다. 그런데 굉장히 귀한 물건이라서 지금의 컴퓨터보다 몇 배나 비쌌다.

"에잇!"

석주명은 뭔가를 쓰던 종이를 마구 구겨서 책상 아래 쓰레기통 쪽으로 던졌다. 이미 쓰레기통은 구겨진 종이로 가득했다.

마침 오빠를 만나러 연구실로 들어서던 석주선은 화가 난 듯한 오빠 모습을 보고 조금 놀랐다. 석주선은 세 오빠 중에서도 둘째 오빠인 석주명을 가장 잘 따랐다.

훗날 석주명을 따라 일본에 간 석주선은 그 길로 일본 고등양재학원에 들어가 의복에 대해 공부한다. 그리고 조선 옷의 역사에 눈을 떠 최초로 조선 옷을 연구하는 역사학자가 된다.

"오빠!"

"주선이구나! 어서 오너라."

"근데 뭐 기분 나쁜 일이라도 있어요? 왜 그렇게 화가 났어요?"

"글 쓰는 게 생각처럼 쉽지 않구나. 마땅히 쓸 도구도 없고……."

동생의 물음에 석주명은 조금 쭈뼛거리며 이야기를 했다.

"왜, 타자기를 한 대 사지 그래요?"

"타자기가 얼마나 비싼데, 내 형편에 무슨 타자기씩이나……."

석주명의 풀 죽은 대답에 석주선은 무슨 생각에 잠긴 듯 눈만 깜빡였다.

그날 밤이었다. 집에 돌아와 저녁을 먹던 석주선은 어머니에게 오빠 얘기를 꺼냈다.

"글쎄, 엄마! 오빠가 하는 일이 많이 힘든가 봐요."

"아니, 뭐가 그렇게 힘들다던?"

어머니는 수저를 놓고 물었다. 아들이 힘들어한다는 말에 금세 표

정이 어두워졌다.

　석주명에 대한 어머니의 사랑은 남달랐다. 석주명의 어머니는 열여섯 살의 어린 나이에 결혼을 했다. 게다가 석주명의 큰아버지, 큰어머니가 돌아가셔서 세 명의 어린 조카들까지 키워야 했다.

　그런 힘든 생활 중에도 겉으로는 조금도 내색하지 않고 꿋꿋하게 사 남매와 세 조카를 키워 냈다. 특히 그중에서도 어머니는 석주명에게 유달리 마음이 쓰였다.

　"글을 쓰기도 힘들고요, 타자기가 있어야 하나 봐요."

　"장한 일을 하게 되었다고 좋아했더니 힘든 일인가 보구나. 하긴, 쉬운 일이 어디 있겠냐마는……."

　석주명의 어머니는 힘없이 웃으며 다시 수저를 들려다 말을 이어 갔다.

　"그건 그렇고 타자긴가 뭔가가 필요하면 사야지. 왜 못 산다더냐?"

　"글쎄요, 잘 모르겠는데요……. 돈이 없나 봐요……."

　석주명의 어머니는 딸의 말을 듣고는 더 이상 밥 생각이 없는지 수저를 놓고 걱정스러운 얼굴로 상에서 물러나 앉았다.

　며칠 후 석주명의 어머니는 석주선에게 돈을 주며 타자기를 사 오라고 했다. 집안의 가장 큰 재산인 황소를 판 돈이었다. 그때는 석주명의 집안 살림도 넉넉지 않을 때였다. 한때 부자 소리를 들을 때도 있었지만 사 남매와 세 조카들을 교육시키느라 가세가 기울었던 것이다.

"아니, 이게 뭐니?"

"타자기예요. 어머니가 사 주셨어요."

석주명이 놀란 표정으로 묻자 석주선은 주섬주섬 상자를 펼쳐 타자기를 꺼내며 대답했다. 석주선에게 타자기를 건네받은 석주명의 얼굴에는 환한 미소가 번져 나갔다.

"요즘 어머니도 형편이 어려우시다고 들었는데, 무슨 돈으로 타자기를……."

대충 상황을 짐작한 석주명은 금세 표정이 굳어졌다. 갑자기 마음 한 구석에서 뜨거운 것이 올라오는 것 같았다.

'어머니! 고맙습니다. 제가 훌륭한 글을 써서 반드시 이 은혜에 보답하겠습니다.'

석주명은 연구에 더욱 박차를 가했다. 힘들 때마다 타자기를 보며 마음을 가다듬고, 지칠 때마다 어머니를 생각하며 다시 힘을 냈다.

10시가 조금 넘은 시간이었다. 늦은 시간이라 그런지 학교에는 바람 소리와 산새 소리만 가득했다. 저쪽에 희미한 불빛 하나가 보였다. 나비 박물관에서 새어 나온 불빛이었다.

석주명은 구부정하게 앉아 무언가 열심히 쓰고 있었다. 한창 나비를 연구하며 조선산 나비 총목록의 글을 써 나가고 있는 것이었다.

석주명은 가지런히 정리된 삼각지 뭉치 속에서 하나를 뽑아 냈다.

그리고 그것을 벌려 조심스럽게 나비를 꺼냈다. 먼저 표찰을 통해 나비의 종류와 암수를 확인했다.

"높은산지옥나비에, 수컷이군."

석주명은 옆에 놓인 자를 들고 앞날개와 뒷날개의 길이를 쟀다. 또 무늬의 모양을 꼼꼼히 살펴 연구 노트에 정리했다.

"아! 높은산지옥나비는 역시 무늬가 문제야. 무늬를 조금 더 정확하게 따져 봐야겠는걸."

높은산지옥나비는 날개에 뱀눈 모양의 무늬가 있었다. 그런데 어떤 것은 무늬의 크기가 작기도 하고, 많기도 했다. 또 어떤 것은 길기도 하고 짧기도 했다.

일본의 나비 학자 마츠무라 박사는 무늬가 크고 길다고 해서 높은산지옥나비를 다른 종류의 나비라고 분류해 자신의 이름을 딴 학명까지 붙이기도 했다.

"날개 무늬를 앞날개, 뒷날개만 기준으로 따지는 것은 안 되겠어."

석주명은 높은산지옥나비의 날개 무늬를 따지기 위해 보다 정확한 방법을 사용하기로 했다.

앞날개를 위에서부터 a, b, c, d, e, f까지 6개의 부분으로 나누고, 뒷날개도 순서대로 g, h, i, j, k, l까지 6개로 나누었다. 그래서 어느 부분에 어떤 무늬가 있는지를 꼼꼼히 따져 보기로 했다.

"그러니까, 이 나비는 앞날개의 a, c, d 부분에 무늬가 있고, 뒷날개의 h, j, l 부분에 무늬가 있군. 무늬는 모두 짧은 뱀눈 모양이고."

석주명은 혼자서 중얼거리며 서둘러 옆에 있는 연구 노트에 적었다. 무척이나 복잡하고 어려운 방법이라서 연구의 진행 속도는 더디기만 했다. 하지만 조선의 나비를 정확하게 분류하기 위해서는 피할 수 없는 길이었다.

석주명은 이런 방법을 사용해 자기가 높은산지옥나비라고 생각하는 나비를 한 마리씩 조사하고 정리했다. 그리고 그 결과를 암컷과 수컷에 따라 나누고 또 나비를 잡은 시기를 함께 비교했다.

"그래, 바로 이거야. 역시 공통점이 있었어."

자신의 방법대로 하니까 높은산지옥나비의 무늬가 공통된 특징을 가지고 있다는 사실이 드러났다. 또 마츠무라 박사가 이름을 붙인 세 가지 다른 종류의 나비가 모두 높은산지옥나비라는 것도 밝혀졌다. 이후 석주명의 주장이 학계에서 인정을 받아 세 가지 나비는 모두 '높은산지옥나비'로 고쳐졌다.

"타, 닥! 타, 다, 닥!"

석주명의 연구실은 타자기 소리가 끊이질 않았다. 석주명은 그동안 연구한 결과를 본격적으로 정리하기 시작했다.

1940년 비로소 『조선산 나비 총목록』이 출간되었다. 첫 장에는 다음과 같은 글이 있었다.

이 책이 나올 수 있도록 제 연구 생활을 사랑으로 지켜봐 주신 어머니께 이 책을 바칩니다.

『조선산 나비 총목록』에는 조선의 모든 나비가 255종으로 분류되어 있었다. 또 각 종류에 따라 연구의 흐름, 특징, 이름의 변천 등이 밝혀져 있었다. 특히 그때까지 다른 종류로 잘못 알려진 많은 나비가 자신의 자리를 찾게 되었다. 또 석주명이 새롭게 찾아낸 새로운 나비들도 소개되었다.

　석주명은 『조선산 나비 총목록』의 출간을 통해 '만국나비학회'의 정회원이 되었다. '만국나비학회'는 전 세계를 통틀어 회원이 30여 명밖에 안 될 정도로 가입하기가 힘든 학회였다. 조선의 한 고등보통학교 교사가 세계적인 대학자로 인정을 받은 것이다.

　하지만 안타깝게도 그때 『조선산 나비 총목록』의 출간을 가장 기뻐하셨을 어머니는 석주명의 곁에 없었다. 『조선산 나비 총목록』이 출간되기 불과 3개월 전 병으로 세상을 떠났기 때문이었다. 석주명은 어머니를 잃은 슬픔을 꾹꾹 눌러 참으며 『조선산 나비 총목록』을 완성했던 것이다.

작은 씨앗이 자라 큰 나무가 되듯이 내가 매순간 나비라는 작은 씨앗에 몰입했더니 어느 순간 나비 박사라는 큰 나무로 우뚝 서 있더구나.

'동종이명(同種異名)'이라고 들어 봤니? 생물에 이름을 붙일 때 같은 종인데도 다른 종으로 여겨져 다른 학명을 붙이는 것을 말한단다. 학명은 세계에서 통용되는 이름인데 처음 발견한 사람의 이름이 붙여지지. 내가 처음 발견한 유리창나비, 수노랑나비, 도시처녀나비, 깊은산부전나비, 성진은점선나비의 학명에 '석(SEOK)'이 표기되어 있단다. 이 '석'이 바로 내 이름의 첫자야.

당시 나비 학자들은 몇몇의 나비만을 채집하고 관찰해서 조금만 다른 형태가 발견되면 무조건 새로운 이름을 붙였단다. 그래서 우리나라 나비의 종류가 800여 종이 넘었어. 나는 10년이 넘는 연구를 통하여 나만의 멋진 숙제를 했단다. 바로 『조선산 나비 총목록』이란 책을 쓴 거야. 이 책을 통하여 일본 학자들이 같은 종인데도 다른 학명을 붙여 분류한 나비를 정리해서 255종으로 분류하였어. 또 나비마다 누가 어떤 논문을 발표했는가를 모두 모아 수십 년간 흩어져 있던 우리나라의 나비를 한 번 정리했단다. 오랜 시간과 노력이 드는 힘든 일이었지. 하지만 『조선산 나비 총목록』은 한국인의 저서로는 처음으로 영국 왕립 도서관에 소장되었고, 세계 곤충 학자들과 어깨를 나란히 하게 되었단다.

멋진 숙제를 한 날 석주명

나비 박사 석주명이 들려주는
몰입 열쇠 ❺

나만의 것을 멋지게 만들어라

최근에 한 숙제 중에서 선생님께 칭찬받았던 숙제가 있니? 숙제를 하더라도 선생님이 시켜서 하는 숙제가 아니라 '이 숙제는 이렇게 하면 어떨까?' 하고 스스로 생각하고 몰입해 봐. 그럼 아마도 다른 친구의 숙제와 비교할 수 없는 나만의 훌륭한 숙제가 될 거야. 숙제뿐만 아니라 다른 일을 할 때도 나의 장점을 살려서 몰입한다면 좋은 결과가 나올 거야.

어린이에게 최고를 주고 싶은 올레의 몰입

1932년 덴마크 빌룬툰의 작은 목공소에서 나무 장난감으로 시작한 레고는 1초당 7박스가 팔리고 있고, 세계 4억 명의 어린이들이 매년 50억 시간을 가지고 노는 세계적인 장난감이야. 레고가 이렇게 성공할 수 있었던 것은 어린이들을 위한 좋은 장난감을 만들어야겠다는 올레 커크 크리스찬센(창업자)의 집념에서 시작되었어.

올레의 신조는 '최상의 것은 통한다'였거든. 오늘도 다른 장난감 회사들은 레고의 장난감을 만드는 10가지 기본 규칙을 따르고 있어. 지능 계발 장난감의 대명사로 뽑히고 있는 레고는 현재 1년에 지구 5바퀴를 감고도 남을 블록을 생산하며 많은 어린이들에게 사랑받고 있단다.

6
좋은 세상으로 가렴, 나비들아!

석주명은 고민 끝에 나비를 불에 태우기로 했다. 자신이 애써 모은 나비들이 다른 사람들에게 거추장스러운 애물단지가 되는 것을 도저히 참을 수 없었다. 불길은 모든 상자로 옮겨 붙었다. 60만 마리의 나비가 타면서 만들어 내는 연기가 피어올랐다. 연기는 마치 나비들이 훨훨 날아오르는 모습처럼 느껴졌다.

"딩동! 딩동!"

초인종 벨이 울리자 안방에서 바느질을 하던 석주명의 아내가 고개를 들어 시계를 보았다.

'오후 3시가 넘었는데…….'

석주명의 두 번째 아내였다. 첫 번째 아내가 병으로 세상을 떠난 후 석주명은 결혼에 마음을 두지 않았었다.

"그래, 결혼을 해서 뭐 하겠어? 그냥 나비들과 결혼했다고 생각하자."

하지만 집안 어른들은 석주명이 혼자 있는 것을 그냥 보고만 있지 않았다.

"남자가 혼자 있어서는 안 돼. 빨리 좋은 배필을 얻도록 하게."

집안 어른들의 성화에 못 이겨 결국 석주명은 두 번째 아내를 맞이

하게 되었다.

중매로 결혼한 석주명의 신혼 생활은 평탄치 않았다. 당시 석주명의 나비 연구가 조금씩 사람들에게 알려지기 시작했기 때문이다. 여기저기서 석주명에게 나비에 대한 글을 써 달라고 부탁해 왔다.

그럴수록 석주명이 해야 할 연구도 더욱 늘어났다. 안 그래도 모자라는 시간이 더욱 모자라게 된 것이었다.

석주명이 나비 연구에만 매달려 다른 데 신경 쓸 여유가 없는데 반해, 아내는 남편과 오순도순 즐겁게 지내고 싶어 했다. 게다가 아내는 학교에 다닐 때 육상 선수를 할 정도로 활달하고 솔직한 성격이어서 자기 마음에 들지 않는 게 있으면 곧바로 따지고 들었다.

"딩동! 딩동!"

"딩동! 딩동! 딩동!"

벨이 계속해서 울리자 석주명의 아내는 못 이기는 척 일어났다. 그리고 부엌으로 가 점심을 차리기 시작했다.

아내는 거친 손놀림으로 요란하게 식사를 준비했다.

'사람이 밥을 제때 먹어야지. 이게 뭐 하는 거야.'

석주명은 집에 있을 때도 거의 서재에서 지냈다. 심지어 아내가 자꾸 들락거리는 것이 귀찮아 서재 문을 잠그기까지 했다. 그러고는 안방으로 연결되는 벨을 달아 밥을 달라, 물을 달라는 신호를 벨을 눌러 보냈던 것이다.

하지만 아내는 밥이나 물을 들고 와서도 서재에 들어가지 못했다.

서재 앞에 두고 가면 석주명이 가지고 들어가 다 먹고 다시 내놓는 식이었기 때문이다.

집에 있는 시간에도 연구를 게을리하지 않기 위한 석주명의 방법이었지만 아내는 서재에서 벨만 누르는 남편이 야속하기만 했다.

"쿵!"

석주명의 아내는 서재 앞에 밥상을 소리 나게 내려놓고 다시 안방으로 돌아갔다.

'결혼을 해서도 이야기는커녕 얼굴조차 볼 수 없다니……'

석주명이 나비 연구에만 빠져 지내자 아내의 불만은 점점 커져 갔다. 하지만 석주명은 아내의 불만을 들어줄 정도로 한가하지 않았다.

"여보! 저기, 저하고 이야기 좀 해요."

"안 돼! 내일까지 이 논문을 마쳐야 해."

하루는 저녁을 같이 먹게 되었다. 아내는 기쁜 마음에 저녁밥을 정성껏 준비했다. 그날따라 석주명도 밥을 맛있게 먹는 것 같았다.

식사를 마치고 과일을 먹으면서 아내가 물었다.

"오늘 저녁 맛있었죠?"

"그래. 맛있었던 거 같은데……. 근데 뭘 먹었더라?"

아내가 정성껏 식사를 준비했는데 석주명은 뭘 먹는지도 모르고 먹었던 것이다. 그도 그럴 것이 석주명의 머릿속에는 온통 나비에 관한 생각뿐이었다.

"아니, 매일 공부만 할 거면 왜 저하고 결혼을 했어요?"

"여보! 월급이 왜 이렇게 적어요?"

석주명은 거꾸로 자기의 연구를 이해해 주지 못하는 아내가 원망스러웠다. 석주명과 아내 사이는 이렇게 점점 멀어져만 갔다.

그런데 멀어져 간 것은 아내와의 관계만이 아니었다. 친구들과의 관계도 똑같았다.

"어이, 주명이! 오늘이 내 아들 돌일세. 자네 올 거지?"

"글쎄, 오늘은 힘들 것 같은데. 내일까지 연구를 마쳐야 해서."

친구가 아들 돌잔치에 초대를 하자 석주명은 곤란한 표정을 지었다. 예전에 가르쳤던 학생들이 동창회를 연다고 해도 마찬가지였다.

"석주명 선생님! 오늘 저희 동창회인데 기억하시죠?"

"아, 맞아. 저번에 이야기했었지. 근데 오늘은 바빠서……. 자네들끼리 하게나."

나비 연구에 시간이 부족하자 어쩔 수 없이 다른 일에는 소홀해질 수밖에 없었다.

"석주명 그 친구, 얼굴 한번 보기 힘들군."

"그래, 유명해지더니 아주 건방져졌어."

사정을 잘 모르는 사람들은 석주명이 유명해져서 거드름을 피운다고 생각했다. 차츰차츰 석주명의 주위에는 사람들이 사라져 갔다. 하지만 석주명은 개의치 않았다.

'사람들이 어떻게 생각해도 좋아. 난 나의 길을 갈 뿐이야.'

꽃샘추위가 매서운 1942년 3월 초였다.

석주명은 양손에 큰 상자 몇 개를 포개 들고 나와 박물관 앞마당에 갖다 놓았다. 뒤이어 그의 연구를 도와주던 몇몇 학생들도 상자를 들고 따라 나와 마당에 놓았다.

그러기를 한참이 흘렀다. 60개나 되는 상자가 마당에 차곡차곡 쌓였다. 석주명은 손수건으로 이마에 흐르는 땀을 닦으며 물끄러미 상자를 바라보았다.

"이제 시작하지."

석주명의 말에 일을 도와주던 학생들이 석주명의 뒤로 와서 나란히 섰다. 석주명이 학생들을 데리고 나비들을 위한 위령제를 지내는 것이었다.

"자, 묵념!"

석주명의 말에 학생들은 잠시 서로의 눈치를 살폈다. 생전 처음 하는 나비 제사이니 그럴 만도 했다. 몇몇은 킥킥거리며 웃기도 했지만 곧 모두 눈을 감고 고개를 숙였다.

"바로!"

학생들이 다시 눈을 뜨자 석주명은 양복 안주머니에서 주섬주섬 종이 한 장을 꺼냈다.

"유세차 임오년 이월 갑자 감소고우……."

나비일망정 위령제는 제대로 지내야 한다고 생각한 석주명은 준비해 두었던 축문(제사 때 읽는 글)을 꺼내 읽어 내려갔다.

몇몇 지나가던 선생님들과 학생들은 무슨 일인가 하는 눈으로 쳐다보았다. 제사를 지내는 것 같긴 한데 도대체 누구 제사를 지내는지 알 수가 없다는 표정이었다.

"……영혼들이라도 저 세상에서 행복하게 지내소서. 상향!"

석주명은 한참 동안 읽던 축문이 끝나자 축문 종이를 불에 태우면서 외쳤다.

"미안하다, 나비들아! 고맙다, 나비들아! 이제라도 좋은 곳으로 가렴!"

위령제를 마치고 난 석주명은 학생들과 함께 상자에 기름을 부었다. 그리고 성냥을 그어 불을 붙였다.

불은 순식간에 이 상자에서 저 상자로 옮겨 붙었다. 상자들은 하나둘씩 검게 타들어 갔다.

상자 하나에는 1만 마리의 나비가 담겨 있었다. 모두 60만 마리의 나비가 불길과 함께 재로 변해 가는 순간이었다.

석주명이 나비를 태우기로 마음을 먹은 것은 며칠 전이었다.

"교장 선생님! 그동안 고마웠습니다."

"글쎄, 석 선생님의 뜻이 정 그렇다니 어쩔 수는 없지만……."

사직서를 읽어 내려가던 교장 선생님은 석주명을 보고 이야기했다. 얼굴에는 섭섭한 표정이 가득했다.

석주명은 학교를 그만두기로 결심했다. 자신이 다닌 모교인데다

10년 넘게 일한 학교를 떠날 결심을 하는 게 쉽지는 않았다.

'연구에만 집중할 수 있는 시간이 필요해.'

학생들을 가르치면서 연구를 하려니 자연히 시간이 부족했다. 또 동시에 학생들에게도 미안했다.

'학생들을 가르치려면 많은 준비가 필요해. 지식뿐만 아니라 마음 역시……. 근데 지금 나에겐 그런 마음을 가질 여유가 없어.'

교장 선생님에게 사직서를 내고 나온 석주명의 마음은 착잡했다. 특히 아내는 석주명이 학교를 그만둔다는 말을 했을 때 펄쩍 뛰며 반대했다.

"아니, 학교를 그만두면 앞으로 어떻게 살아요?"

"무슨 길이 생기겠지. 연구비 지원도 있을 거고……."

석주명의 태연한 말에 아내는 언성을 높여 따지고 들었다.

"아니, 길은 무슨 길이 생긴다고 그래요? 연구비는 받을지 못 받을지도 모르는 거고……."

사실 석주명의 마음 역시 어둡기는 아내와 마찬가지였다.

'아! 잘한 일일까? 앞으로 연구하는 데 필요한 돈을 어디서 구하지?'

석주명은 『조선산 나비 총목록』을 통해 나비 학자로서 명성을 얻어 여기저기에서 연구비를 지원받았다. 하지만 그것들은 정기적으로 받을 수 있는 것이 아니었기 때문에 학교를 그만둔다는 것은 그나마 안정된 기반을 떠나는 일이었다. 하지만 그는 흔들리는 자신의 마음을 다시 다잡았다.

'아니야. 더 이상 미루다간 아무 일도 못 해. 이제 연구에만 전념하자. 돈이야 어떻게 되겠지.'

결심을 새롭게 하고 박물관으로 이어지는 길을 걸어가던 석주명에게 또 다른 고민이 떠올랐다.

'그런데 박물관에 모아 둔 나비는 어떻게 하지? 집으로 가져갈까? 아내가 반대하는 데다 집이 좁아 반도 안 들어갈 텐데…….'

석주명은 손을 바지 주머니에 넣고 걸으며 어두운 표정으로 생각을 이어갔다.

'그냥 두고 가면 뒤에 오는 선생님이 잘 관리하지 않을까? 아니야, 누가 그렇게 많은 나비를 신경 써서 관리하겠어.'

석주명은 고민 끝에 나비를 불태우기로 결심했다. 자신이 애써 모은 나비들이 다른 사람들에게 거추장스러운 애물단지가 되는 것은 도저히 참을 수 없었다. 또 제대로 보관하지 않으면 나비는 금방 해충의 번식장이 될 것이 뻔했다.

불길은 모든 상자로 옮겨 붙었다. 60만 마리의 나비가 타면서 만들어 내는 연기가 피어올랐다.

석주명은 눈 주위가 뜨거워지는 것을 느낄 수 있었다. 그것은 단순히 연기 때문만은 아니었다.

'잘 가렴. 다음 세상에서는 행복하게 살려무나. 미안하다.'

석주명은 점점 흐려지는 눈으로 불길 속에서 피어오르는 연기를 바라보았다. 그러자 연기가 마치 나비들이 훨훨 날아오르는 모습처럼 느껴졌다.

'흰배추나비', '수노랑나비', '유리창나비', '도시처녀나비', '각시멧노랑나비' 등 자신이 잡아 연구했던 수많은 나비들이 모두 한꺼번에 하늘 끝까지 날아오르는 것 같았다.

　나는 나비에 몰입할 시간을 더 갖기 위해 오랫동안 다니던 학교를 그만두기로 했단다. 그런데 한 가지 고민이 생겼어. 그동안 연구하면서 모은 나비 표본을 어떻게 처리할 것인가 하는 거였지. 그대로 두고 가면 다른 표본까지 해칠 수 있고, 무엇보다 나의 연구를 도와준 고마운 나비가 다른 사람에게 짐이 되게 할 수 없었어. 더구나 나비는 나를 위해 희생해 준 고맙고 귀한 생명체였거든.

　며칠을 고민한 끝에 희귀종과 해외에서 보내준 표본들, 그리고 연구 중인 나비를 제외하고는 모두 불태우기로 했단다. 난 나의 연구 때문에 희생된 나비의 넋을 기리기 위해서 간단히 위령제라도 지내야겠다고 생각했어. '위령제'라고 들어 봤니? 위령제는 죽은 사람의 영혼을 위로하려고 지내는 제사를 말한단다. 다른 말로 진혼제라고도 하지. 나비에게 위령제를 지내겠다는 나의 의견에 처음엔 다들 웃었지만 나중엔 같이 동참해 주었단다.

　나비를 태우면서 그동안 나비와 함께했던 여러 가지 일들이 생각났단다. 나비 연구를 어디서부터 시작할지, 나비를 어떻게 분류할지 등 문제가 생길 때마다 그 문제에 대해 생각하고 몰입했었어. 문제에 몰입하다 보면 전혀 다른 곳에서 아이디어가 떠오르기도 했단다. 그래서 몰입한 문제가 해결되지 않을 때 산책, 목욕, 운동, 독서 등 다른 것을 하면서 생각을 바꾸는 것도 좋다는 것을 알았지.

　　　　　　　　　　　　　　　　　　　나비와 헤어진 날 석주명

나비 박사 석주명이 들려주는
몰입 열쇠 ❻

기발한 생각을 떠올려라

목표를 정하여 몰입하려는데 하기 싫은 일이 있을 수도 있어. 그래도 한 번쯤 꾹 참고 몰입해 보렴. 그리고 생각을 한번 바꾸어 봐. 그러면 전혀 생각하지도 못한 다른 곳에서 '아! 이런 방법도 있었지.' 하는 기발한 생각이 떠오를 거야. 무조건 자신이 하기 싫어하고 자신 없는 분야라고 해서 "안 돼!", "싫어!"라고 하지 말고 몰입하여 문제를 해결하면 그동안 느껴 보지 못했던 새로운 성취감과 보람을 느낄 수 있을 거야.

다른 곳에서 문제를 해결한 아르키메데스의 몰입

그리스의 수학자 아르키메데스에게 왕은 자신이 쓰고 있는 왕관이 100% 순금으로 만들어졌는지 왕관에 손상을 입히지 말고 진실을 알아 오라고 했단다. 이 문제를 해결하기 위해 며칠간 고민하던 아르키메데스는 어느 날 우연히 목욕을 하기 위해 욕조에 몸을 담그다가 물이 넘치는 것을 보고 실마리를 찾았어.

그래서 그는 너무 기뻐 벌거벗은 것도 모르고 "유레카!"를 외치며 거리로 뛰쳐 나왔지. 물체를 액체나 기체에 넣었을 때 그 물체가 차지한 부피만큼 부력을 받는다는 원리를 찾아낸 거야. 이처럼 아르키메데스는 며칠간 몰입하다 전혀 다른 곳에서 문제를 해결했단다.

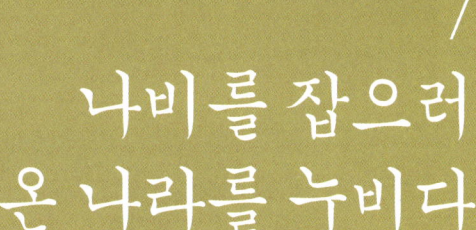

몰입 열쇠 ❼ 새로운 일에 도전할 힘을 키워라

7
나비를 잡으러
온 나라를 누비다

석주명은 나비를 잡으러 다닌 곳을 지도에 붉은색으로 표시했다. 지도에는 붉은 선이 거미줄 모양으로 한반도를 빽빽하게 뒤덮고 있었다. 그런데 그 거미줄에서 유일하게 벗어난 곳이 제주도였다. 석주명은 당장 제주도로 떠났다. 그곳에 머무는 동안 나비 채집뿐만 아니라 제주도의 문화적 특성까지 관심과 열정을 쏟았다.

1942년 7월의 어느 날이었다.

석주명은 함경도 개마고원의 한 봉우리인 궤상봉을 오르고 있었다. 개마고원으로 나비 채집 여행을 온 지도 벌써 19일이나 지난 때였다.

'이렇게 시간에 얽매이지 않고 마음껏 채집 여행을 해 보기는 처음인 것 같아.'

오랫동안 바라왔던 나비 채집 여행이었다. 지난 3월 31일 학교를 그만두고 두 달 넘게 준비를 하고 떠나온 길이었다.

서울 청량리를 출발해 함흥에 도착한 후, 부전고원, 청산령, 혜산진 등을 돌아다니며 나비를 채집했다.

과연 개마고원은 우리나라의 지붕이라고 할 만했다. 2,000~3,000미터에 이르는 높은 봉우리들이 연이어 있었다.

개마고원에는 마땅한 교통수단이 없어 나비 학자뿐만 아니라 어떤 생물학자들도 찾은 적이 없었다. 석주명은 오직 자신의 다리에만 의지해 개마고원을 누비고 있었다. 오늘은 2,300미터가 넘는 궤상봉 정상이 목표였다.

석주명은 숨을 헐떡이면서도 걸음을 멈추지 않았다. 등에 멘 작은 배낭에는 포충망과 채집통이 매달려 있어 석주명이 걸음을 옮길 때마다 흔들리고 있었다.

'정상 부근에 가면 재순이지옥나비를 만날 수 있을지도 몰라.'

재순이지옥나비는 이번 채집 여행을 계획하면서부터 무척 기대를 했던 나비였다. 북쪽의 높은 지대에서만 살기 때문에 아직 실제로 채집할 기회가 없었다. 석주명은 책이나 표본으로 나비를 접할 경우 꼭 자연 상태에서 살아 있는 그들의 모습을 확인하고 싶었다.

"아이고, 조금만 쉬었다 가자."

평평한 곳이 나타나자 석주명은 털썩 주저앉아 배낭을 풀었다. 수건으로 얼굴의 땀을 닦은 후 다시 안경을 쓰고 산 정상을 바라보았다.

숙소를 떠나 걸어온 지 벌써 4시간째였다. 눈앞에는 나무가 빽빽하게 자라 있어 산 정상을 확인하기도 쉽지 않았다.

"도대체 얼마나 더 가야 하는 거야?"

석주명은 일부러 큰 소리로 말했다. 두려움을 떨쳐 버리기 위해서였다. 산 아래에 사는 사람들은 석주명이 산에 간다고 하자 의아한 듯 물었다.

"산에는 왜 가려고 그러오?"

"나비를 잡으려고 그럽니다."

석주명이 나비를 잡으러 산에 간다고 하자 사람들은 깜짝 놀라 손사래를 치며 말렸다.

"그러다가 큰일 치르오. 호랑이한테 물려가고 싶소?"

그때까지도 개마고원에서는 호랑이가 종종 출현했다. 사람들은 석주명이 괜히 나비를 잡는다고 산에 갔다가 호랑이를 만날까 걱정을 했다.

"야호! 야호!"

사람들의 얘기에 석주명은 일부러 두려움을 떨치려는 듯 몇 번 크게 외치더니 다시 산을 올랐다.

오후가 되어서야 석주명은 드디어 정상에 올랐다. 정상에는 널따란 평지가 펼쳐져 있었다. 배낭을 아무렇게나 풀어 놓고 감자로 요기를 하고 있을 때였다. 까만색 작은 나비가 눈앞을 스쳐 날아갔다.

'재순이지옥나비다! 도착하자마자 바로 만날 줄이야.'

석주명은 직감적으로 재순이지옥나비라고 생각했다. 감자 꾸러미를 집어던지고 포충망을 들었다. 그런데 포충망을 배낭에서 풀어놓지 않아 배낭까지 딸려 왔다. 서둘러 포충망을 뽑아 나비가 날아간 곳을 쳐다보았다.

나비는 이미 저만치 날아가고 있었다. 석주명의 특기를 보여 줄 때였다. 석주명은 언제 힘들었냐는 듯 맹렬한 속도로 달려갔다.

"휙!"

포충망을 한 번 휘두르는가 싶더니 서둘러 무릎을 꿇고 앉았다. 한 번에 나비를 잡은 것이다. 석주명은 검지와 장지 사이에 날개를 끼워 조심스럽게 나비를 꺼냈다.

"재순이지옥나비가 맞아. 수컷이군."

서둘러 채집통에 넣고 주위를 두리번거렸다. 하지만 두 시간이나 근처를 다 누비고 다녔지만 재순이지옥나비는 더 이상 눈에 띄지 않았다.

'그래, 너무 쉽게 재순이지옥나비를 잡는다 싶더니……'

석주명이 또 다른 재순이지옥나비를 만난 것은 넓은 평지의 반대편에 이르러서였다.

"휙! 휙! 휙!"

석주명은 몇 번 포충망을 휘둘렀다. 재순이지옥나비가 맞았다. 그런데 모두 수컷뿐이었다.

"암컷을 한 마리 잡았으면 좋겠는데, 암컷은 정말 책에서밖에는 못 봤는데……."

이리저리 다니며 쉬지 않고 나비를 잡았지만 재순이지옥나비는 몇 마리 없었다. 게다가 모두 수컷이었다.

실망을 한 석주명이 바위에 앉아서 쉴 때였다.

'날이 어두워지는군. 이제 내려가야겠어.'

그러다 무심코 바위틈 사이를 보니 재순이지옥나비 두 마리가 짝

짓기를 하고 있었다. 석주명은 숨을 죽이고 바위틈으로 살며시 손을 넣었다.

'미안하다. 하필이면 짝짓기를 하고 있는데…….'

숨을 죽이고 있던 석주명은 마침내 손을 뻗어 살포시 나비를 잡았다. 재순이지옥나비의 암컷 한 마리를 잡은 석주명은 다시 욕심이 생겨 재순이지옥나비를 몇 마리 더 잡고 싶어졌다. 하지만 벌써 해가 지고 있었기 때문에 더 이상 궤상봉에 머무를 수는 없었다.

석주명은 서둘러 산에서 내려오려고 했지만 그건 마음뿐이었다. 얼마 내려오지 않아 주위가 어두워지기 시작했다.

사방이 점점 캄캄해져 오자 석주명은 무서운 생각이 들었다.

'사람들 말처럼 정말 호랑이가 나오는 거 아닐까?'

그 순간이었다.

"후두두둑!"

사방이 어두워서 발을 잘못 디딘 석주명은 미끄러져 수풀 저편에 나뒹굴었다.

"아야! 아야야!"

넘어지면서 발목을 삐었는지 발목이 시큰거렸다. 또 어디에 부딪쳤는지 옆구리도 화끈거렸다. 이래서는 산 아래까지 가기 힘들 것 같았다.

간신히 일어선 석주명은 주위를 두리번거리기 시작했다. 혹시 산속에 사람 사는 집이 있을까 해서였다.

'이렇게 깊은 산중에 무슨 집이 있겠어? 아니, 근데 저건 뭐지?'

저편 숲 아래로 희미하게 불빛 같은 것이 보였다. 멀리서 보이는 불빛에 힘을 낸 석주명은 절뚝거리며 걸음을 재촉했다.

"저기, 누구 있습니까?"

집에서 나오는 불빛이 맞았다. 그런데 한 시간 가까이를 절뚝거리며 찾아온 집은 마치 불면 쓰러질 것만 같이 허름해 보였다. 하지만 지금 석주명에겐 세상 어떤 집보다 반가운 집이었다.

"아무도 없습니까?"

"뉘시오?"

마당에 들어선 석주명이 다시 큰 소리로 외치자 갑자기 삐걱하고 문이 반쯤 열리더니 마흔쯤 되어 보이는 남자가 얼굴을 내밀었다. 무뚝뚝하게 생긴 얼굴이었다.

"저기, 산에 왔다가 어두워져서……. 하룻밤만 묵어 갈 수 없겠습니까?"

"그러시오."

남자는 그 한마디만 남긴 채 다시 문을 닫았다. 석주명은 잠시 멈칫거리다가 빈방 같아 보이는 방으로 들어갔다. 사람이 사용하지 않은 지 오래된 것 같았다.

"아이고, 이게 방이야, 뭐야?"

촛불을 켠 석주명의 입에서는 저절로 탄식이 흘러나왔다. 지붕은 반쯤이나 내려앉았고 방 안 곳곳에는 거미줄이 가득했다.

하지만 지금은 찬밥 더운밥을 가릴 때가 아니었다. 아까 먹다 남은 감자 두 개로 허겁지겁 요기를 한 석주명은 서둘러 몸을 뉘었다. 방 안 구석에 있던 다 해진 짐승 가죽 같은 것을 끌어당겨 덮은 후 잠을 청했다. 잠시 다친 발목이 시큰거린다고 생각했지만 아픔도 피곤에 지친 눈꺼풀의 무게를 이기진 못했다.

"벅! 벅! 벅!"

얼마나 잤을까 석주명은 도저히 참지 못하고 일어났다. 잠결에 몸을 얼마나 긁었는지 온몸이 화끈거렸다. 간신히 몸을 일으켜 촛불을 켜 보니 몸 여기저기가 빨갛게 부풀어 있었다.

"이게 뭐야? 뭐한테 물린 것 같은데!"

그제서야 갑자기 마을 사람들이 한 얘기가 떠올랐다. 산속에 집이 하나 있는데, 거기는 빈대 소굴이라서 절대 가면 안 된다는 얘기였다.

"아이고, 내가 바로 그 빈대 소굴에 왔구나!"

석주명은 잠깐 어떻게 할까 생각했다. 그 순간조차 자기도 모르게 몸 여기저기를 긁고 있었다. 도저히 빈대 소굴에서 잠을 자기는 힘들 것 같았다.

석주명은 이불로 사용했던 짐승 가죽 같은 것을 들고 방에서 나와 마당 한편에 다시 누웠다. 짐승 가죽을 반쯤은 깔고 반쯤은 덮었지만 7월인데도 개마고원의 밤은 무척이나 추웠다. 금세 찬바람이 몸속을 파고들었다.

"이그그, 춥다, 추위!"

잠시 뒤척이던 석주명은 무언가를 결심한 듯 일어나 방으로 들어갔다. 추위 때문만은 아니었다. 마당에 누워 있으니 또 호랑이 생각이 나서 무서웠던 것이다.

"그래, 호랑이한테 먹히는 것보다는 빈대에게 뜯기는 게 낫겠어."

다음 날 날이 밝자마자 석주명은 서둘러 그 집에서 나왔다. 주인이 듣든 말든 고맙다는 말만 외치고는 도망치듯 빠져나왔다.

석주명의 개마고원 나비 채집 여행은 1942년 7월 16일까지 계속되었다. 혼자서 무려 26일 동안 개마고원의 이 봉우리, 저 봉우리를 다니며 나비를 잡은 것이다. 여행 도중 나비를 잡지 않은 날은 기차에서 보낸 7월 14일 단 하루뿐이었다. 나머지 기간 동안 석주명은 오로지 자신의 두 다리에만 의지하고 개마고원을 누비고 다녔던 것이다.

1943년 경성대학교 부속 생약 연구소의 시험장이 제주도에 생겼다. 어떤 연구원도 멀리 떨어진 제주도에 가려고 하지 않았지만 석주명은 기쁜 마음으로 서둘러 지원했다. 연구원 일을 하면서 나비를 채집하려는 생각이었다. 더구나 연구에만 전념하라는 조건이 석주명의 마음에 들었다.

'그래, 온 나라를 다 돌아다녔지만 유일하게 가 보지 못한 곳이 제주도야!'

석주명은 자신이 나비를 잡으러 다닌 곳을 붉은 선으로 표시한 지도를 가지고 있었다.

"아니, 선생님! 왜 지도에다 이렇게 낙서를 하셨습니까?"

영문을 모르는 사람들은 석주명에게 왜 지도에 낙서를 했냐고 물었다. 붉은 선이 지도 위에 가득 그어져 있어 마치 거미줄 모양으로 한반도를 빽빽하게 뒤덮고 있는 듯 보이니 그런 의문이 들 만도 했다.

그런데 유일하게 그 거미줄에서 벗어난 곳이 제주도였다.

'제주도도 우리나라니까, 우리나라 최남단에 사는 나비들도 연구할 필요가 있어.'

석주명은 자신의 생각을 아내에게 말했다. 그러자 아내는 불같이 화를 냈다.

"제주도라니요? 거기 가서 무얼 한단 말이에요?"

"제주도는 아열대에 속하는 지방이야. 그래서 지금까지 발견되지 않은 나비를……."

아내는 석주명의 말을 다 듣지도 않고 잘라 말했다. 늘 혼자서 결정하고 통보하는 남편의 태도에 더욱 화가 났던 것이다.

"난 제주도에 가지 않겠어요."

"나비 연구를 위해서 꼭 가야만 해. 게다가 연구원 자격으로 가는 것이오."

"……."

석주명은 결국 아내를 두고 혼자서 제주도에 가야만 했다. 석주명은 제주도로 가는 배에 몸을 실었다. 서귀포에 있는 연구소의 시험장

에 짐을 풀어놓은 다음 날부터 곧바로 나비 탐사에 들어갔다.

먼저 석주명은 한라산의 높이에 따라 어떤 나비가 사는지 조사하고 싶었다.

"한라산은 정말 대단해."

석주명은 한라산의 중턱 부근에 서서 대단하다는 말을 반복하고 있었다.

"높이에 따라 이렇게 다양한 나비들이 있을 수가……."

벌써 석주명의 오른쪽 어깨에 멘 채집통에는 나비들이 가득했다. 또 한 마리의 나비를 채집통에 넣으며 석주명은 탄성을 내뱉았다.

"계절이 바뀌면 또 어떤 나비들이 나타날까? 정말 제주도에 오길 잘했어!"

그런데 석주명은 한라산의 나비에 너무 정신이 팔린 탓이었는지 해가 지는 것도 몰랐다. 산을 내려오려고 했을 때 이미 주위는 어두워져 있었다.

'어! 벌써 캄캄해졌네. 손전등도 안 가져왔는데…….'

캄캄한 산을 더듬으며 한참을 내려오던 중이었다.

"으악!"

외마디 비명이 한라산에 울려 퍼졌다. 석주명이 발을 헛디뎌 낭떠러지 부근으로 떨어진 것이었다.

석주명은 아픈 것도 잊은 채 미끄러지면서도 무언가를 잡고는 죽을힘을 다해 매달렸다. 나무 넝쿨인 것 같았다.

"채집통! 채집통!"

미끄러지기를 멈추자 석주명은 우선 채집통부터 확인했다. 채집통은 이미 어디론가 떨어지고 없었다.

'아! 채집통을 잃어버리다니……'

석주명은 자신이 죽을 뻔한 일보다 채집통을 잃어버린 것을 더 안타까워했다. 하지만 문제는 채집통이 아니었다. 미끄러지면서 온몸 여기저기가 부딪혀 성한 데가 없었던 것이다. 게다가 안경마저 잃어버렸다는 사실을 깨닫자 아찔했다.

'어쩔 수 없어. 안경을 잃어버려 보이지도 않는데……. 괜히 내려가려고 하다가 정말 큰일이 날지도 몰라. 그냥 날이 밝을 때까지 여기서 버텨야겠다.'

석주명은 나무 넝쿨에 몸을 의지한 채 가까스로 밤을 새웠다. 그리고 어둠이 가실 무렵 나무 넝쿨을 손과 발로 더듬어 조금씩 아래로 내려왔다.

"어,어,어!"

중간중간 조금씩 미끄러지기도 했지만 해가 솟았을 때쯤엔 낭떠러지에서 내려올 수 있었다.

석주명은 온몸에 찰과상을 입고 흙투성이인 채로 간신히 연구소의 시험장으로 돌아왔다. 처음엔 상태가 얼마나 심각한지 석주명을 사람들이 알아보지 못했다. 하지만 그날 이후로도 석주명의 나비 채집은 계속되었다.

석주명은 제주도에 2년 남짓 머무는 동안 나비 채집뿐만 아니라 제주도의 문화적 특성에 관심을 갖게 되었다. 그래서 제주도의 사투리, 신화와 전설, 인구 등을 하나하나 조사해 갔다. 그 결과로 나온 것이 『제주도 방언집』, 『제주도의 생명 조사서』, 『제주도 문헌집』 등이다.

나는 학교를 그만두고 그동안 꼭 가고 싶었던 개마고원을 시작으로 전국 방방곡곡 나비 채집을 다녔단다. 다들 나의 체력에 놀랄 정도였어. 하지만 가 보지 못한 곳이 있었어. 바로 제주도였지. 지금은 비행기나 배를 타고 제주도에 쉽게 갈 수 있지만 그 당시에는 가기가 어려운 곳이었단다. 1943년 4월에 제주도에 생약 연구소 시험장이 생겼단다. 나는 자원하여 그곳에 책임자로 가게 되었어. 제주도에는 어떤 나비가 살고 있는지 너무 궁금했거든.

제주도에 가 보니 제주도 나비 분포가 육지랑 많이 다른 것을 발견했단다. 제주도는 말씨도 다르고 풍습도 많이 다른 것처럼 말이야. 그래서 나는 나비를 비롯한 곤충뿐 아니라 사투리, 인구, 제주도의 특이한 풍습 등도 조사하여 자료를 정리했단다. 이것을 토대로 나중에 『제주도 총서』 6권이 나오게 되었지. 6권 중에서 5권은 나비와는 전혀 다른 제주도의 방언, 인구, 신화와 전설 등에 관한 내용이었어.

나는 2년 남짓 제주도에 머물면서 '제주도 박사'라는 별명까지 얻었단다. 나비에 몰입한 것처럼 육지와 좀 다른 제주도의 독특한 환경에도 몰입했거든. 그래서 하나에 몰입할 수 있으면 다른 일에도 금방 몰입할 수 있다는 것을 깨달았지.

우리 친구들도 지금 하는 것 하나에 몰입하도록 자꾸 노력해 보렴. 처음에는 몰입이 힘들더라도 자꾸 연습하면 다른 일이 생겼을 때 금방 몰입할 수 있을 거야!

제주도 박사까지 된 석주명

나비 박사 석주명이 들려주는
몰입 열쇠 ❼

새로운 일에 도전할 힘을 키워라

학교에서나 집, 운동장, 놀이터 등 다양한 곳에서 여러 가지 다른 상황을 접할 수 있어. 어느 날, 갑자기 힘든 일이 생겼을 때 평소 몰입을 실천한 친구라면 어려운 상황에서도 흔들리지 않고 해결할 수 있는 지혜를 떠올릴 수 있지. 그러기 위해서는 하루 1시간 정도 몰입할 수 있는 연습을 실천해야 한다는 것을 명심해. '움직이지 않고 책읽기', '어려운 수학 문제가 풀릴 때까지 도전해 보기' 등 이런 연습은 몰입의 힘을 크게 만들어 준단다.

다른 일에 새롭게 도전한 안철수의 몰입

의과 대학을 나오고 의학 박사가 된 안철수 의장은 대학 시절 우연히 접한 컴퓨터에 매료되어 사람을 치료하는 의사가 아닌 컴퓨터를 치료하는 의사가 되었어. 사람들은 오랫동안 공부한 의학 분야 지식이 지금 하는 일과는 거리가 멀어 "그동안 헛고생한 것이 아닌가요?" 하고 물었어.

안철수는 "공부하여 얻는 지식도 중요합니다. 하지만 더 중요한 것은 어떤 분야든 공부하는 과정에서 자기와의 싸움을 이겨내고 최선을 다하면서 얻어지는 삶의 태도라고 생각합니다. 이러한 삶의 태도는 나중에 다른 일을 할 때에도 두려움 없이 도전하고 최선을 다할 수 있는 힘이 되었던 것 같습니다."라고 대답했단다.

나비 박사 석주명에게 배우는 몰입

몰입 열쇠 ❽ 행복하고 자신감 가득한 날로 채워라

8
나의 나비, 나의 삶

석주명이 남긴 더욱 소중한 선물은 나비를 사랑하는 마음이었다. 그에게 나비는 한낱 연구의 대상이 아니었다. 나비는 그의 친구이자 연인이었다. 그리고 나비는 그의 삶 자체였다. 그는 지금도 우리 곁에서 그가 평생 사랑했던 나비들과 섞여 나풀나풀 하늘을 날아다니고 있을지도 모른다.

1945년 8월 15일 정오였다. 라디오에서는 일본 천황 히로히토의 침울한 목소리가 흘러나왔다.

"본인은 대일본 제국의 천황으로…… 더 이상 전쟁을 계속할 수 없다는 생각 아래…… 대일본 제국은 연합국에 무조건 항복하였음을 선언하는 바이다……."

1945년 8월 6일 아침 일본 히로시마에는 번쩍하는 빛과 함께 거대한 버섯구름이 피어올랐다. B29(폭격기의 이름)에서 떨어뜨린 원자 폭탄이 폭발한 것이었다. 폭탄이 폭발한 500미터 안에 있던 사람들은 모두 죽고 히로시마는 순식간에 잿더미가 되었다.

8월 9일에는 나가사키에도 원자 폭탄이 떨어졌다. 일본은 더 이상 버틸 수 없었고, 8월 15일 무조건 항복을 선언하게 되었다.

"대한 독립 만세! 대한 독립 만세!"

일본의 항복 선언과 함께 우리나라는 일본으로부터 해방이 되었다. 사람들은 모두 일본이 남긴 어둠을 걷어 내고 새로운 나라를 만들기 위해 바빴다.

해방을 맞은 지 며칠 지나 제주도에 있던 석주명은 전화 한 통을 받았다. 서울에 있는 국립과학관의 원장이었다.

"석주명 선생님! 국립과학관에서 선생님을 모시고 싶습니다."

"글쎄요. 저는 고향으로……."

제주도에서 해방이 되었다는 소식을 들은 석주명은 고향에 돌아가야겠다고 생각했다. 가족들이나 집안 어른들의 소식이 궁금했기 때문이었다. 그러니 국립과학관에서 온 제안을 받고 망설일 수밖에 없었다.

"지금 국립과학관에는 석주명 선생님 같은 분이 꼭 필요합니다. 우리나라의 과학 재건을 위해 도와주세요!"

석주명은 국립과학관 원장의 간곡한 부탁을 뿌리칠 수 없었다. 오히려 걱정은 국립과학관에서 일하는 것이 자신의 연구에 방해가 되지 않을까 하는 것이었다.

'아니야. 해방이 되었는데 연구를 조금 못하더라도 우리나라의 발전을 위해서라면 기꺼이 해야지.'

결국 석주명은 승낙을 하고 국립과학관 동물학 연구 부장으로 일하게 되었다. 마음을 정한 석주명은 온 힘을 다해 국립과학관에서 일했다.

우선 동물과 식물의 이름이 모두 일본어로 되어 있는 것이 문제였다. 석주명은 나비부터 시작해 동물과 식물의 이름을 우리말로 바꾸었다. 또 그때까지 잘못 알려진 동물과 식물의 이름을 바로잡기도 했다.

그 과정에서 자신의 연구도 소홀히 하지 않아 「조선 나비 이름의 유래」, 「제주도의 나비」, 「암먹부전나비의 변이 현상」 등 나비에 관한 논문들을 활발하게 발표했다.

그러자 주위에 있는 사람들은 석주명에게 유학을 권유했다.

"선생님! 미국 유학을 다녀오시는 게 어떻습니까?"

"좋은 기회입니다. 미국에 가서 견문도 넓히시고……."

석주명은 잠시 고민에 빠졌다.

사실 나비를 공부하기 위해 미국으로 유학을 가는 것은 자신의 오랜 꿈이기도 했다. 그전까지 조선은 일본의 식민지였기 때문에 미국으로 공부하러 가는 것이 힘들었다.

지금은 마음만 먹으면 갈 수도 있는 기회였다. 하지만 석주명은 고개를 가로저었다.

"저는 지금 우리나라의 나비 이름을 정리하고 있습니다. 또 일본어로 된 우리나라 동식물의 이름을 우리말로 바꾸고 있는 중입니다."

석주명은 안경 속의 눈을 반짝이며 담담한 목소리로 말을 이어 나갔다.

"먼저 이것들을 정리한 다음 외국으로 공부하러 가는 것이 순서일

것입니다. 제가 외국에서 공부를 하는 것은 나중에도 할 수 있습니다. 하지만 나비를 비롯한 동식물을 우리말로 바꾸는 것은 지금이 아니면 할 수 없는 일입니다."

석주명이 시간을 아끼는 버릇은 국립과학관에서 일할 때도 여전했다. 오히려 일과 연구를 같이해야 하니 더욱 시간을 아껴야 했다.

"아니, 연구 부장님은 걸어 다니면서 무얼 저렇게 드시지? 어린 아이도 아닌데."

"맞아, 늘 주머니에서 뭘 꺼내 드시고 다니셔. 체면 좀 지키시지."

국립과학관의 직원들은 석주명이 늘 뭔가를 먹고 다닌다고 수군거렸다. 석주명이 주머니에 넣고 먹는 것은 땅콩이었다. 항상 시간이 부족하자 점심 먹을 시간을 아끼기 위해 땅콩을 먹으면서 일했던 것이었다.

일은 열심히 하면 할수록 다른 일들을 불러왔다. 석주명은 중고등학교의 생물 교과서를 집필하는 일도 맡게 되었다. 교과서를 집필하는 일을 맡고 얼마 되지 않아서였다.

"석주명 선생님! 교과서 문제로 잠깐 만났으면 합니다."

당시 교육부 장관이었던 안호상으로부터 만나자는 전화를 받았다. 석주명은 무슨 일인지 궁금해하며 교육부로 갔다.

"안 됩니다. 장관님은 당신 같은 사람들을 만날 수 없습니다."

석주명의 발길은 수위실 앞에서 멈추어야 했다. 수위가 석주명을 들여보내 주지 않았기 때문이다.

"저기 교육부 장관님을 잠깐……."

"아니, 장관님은 당신 같은 사람을 만날 시간이 없다니까요."

수위는 까무잡잡한 얼굴에 허름한 작업복과 낡은 군화를 신은 석주명을 잡상인으로 오해한 것이었다.

"교육부 장관님이 만나자고 해서……."

수위는 반신반의하는 표정으로 장관의 비서실로 전화를 했다.

"아, 그래요? 죄송합니다. 그런 줄 모르고……."

비서실로 전화를 해 석주명이 누구인지를 확인한 수위는 갑자기 굽신거리며 석주명에게 이야기했다.

"아이고, 죄송합니다. 저는 연구 부장님이신 줄도 모르고……."

"아, 예."

수위가 거듭 사과를 하는데도 석주명은 건성으로 대답하는 것 같았다. 석주명은 수위실 탁자 위에 연구 노트를 올려놓고 무언가 열심히 쓰는 데 정신이 팔려 있었다. 그 옆에는 깔끔하게 정리된 카드도 여러 장 보였다. 석주명은 수위와 실랑이를 하는 시간도 아까워 수위실에서도 자기가 하던 작업을 계속했던 것이다.

해방의 기쁨도 잠시, 1950년 6·25전쟁이 일어났다. 석주명의 나이 마흔셋이었다.

1945년 일본이 항복을 선언하자 미국과 소련은 우리나라를 남과 북으로 나누었다. 그러고는 남쪽은 미국이, 북쪽은 소련이 통치하기로 결정했다. 그 후 미국과 소련의 사이는 점점 나빠졌고, 남과 북의 사이도 갈수록 나빠졌다.

1950년 6월 25일 일요일 새벽, 북한군 대포들은 일제히 남쪽을 향해 불을 뿜어 댔다. 곧이어 탱크들이 삼팔선(한반도의 중앙부를 가로지르는 북위 38도선)을 넘어 남쪽을 침범하기 시작했다. 전쟁이 일어난 지 불과 3일 후 북한군 탱크들은 서울로 쳐들어왔다.

서울은 금방 아수라장으로 변했고, 거리마다 어쩔 줄 모르는 사람들로 가득했다. 사람들은 전쟁에 지원하거나 피난을 가거나 하여 어수선했다.

석주명은 이런 사람들과는 달리 과학관의 연구실을 지키기로 결심했다.

"이렇게 어수선한 때일수록 딴생각하지 말고 나비 연구에 매진해야 하는 거야."

오히려 석주명은 어디에선가 원고지를 한 보따리 짊어지고 왔다. 그리고 그게 무엇이냐고 묻는 사람들에게 이렇게 말했다.

"이 정도면 몇 개월 정도는 쓸 수 있겠지요? 혹시 전쟁 때문에 원고지를 구하지 못할까 봐서요."

석주명이 과학관의 연구실을 지키기로 결심한 데는 또 다른 이유가 있었다. 전쟁이 일어났을 때는 13년 동안이나 계속해 온 『한국산 접류 분포도』가 거의 완성될 무렵이었다. 『조선산 나비 총목록』을 집필하는 것과 함께 시작한 작업이었다.

석주명은 『한국산 접류 분포도』를 위해 모아 놓은 15만 마리의 나비 표본과 1만 마리의 기형 나비 표본, 또 5천여 종의 외국 나비 표본을 버려두고 자기 혼자 떠날 수는 없다고 생각했다.

북한군이 서울을 차지했을 때였다. 북한군의 몇몇 장교들이 국립과학관에서 일하는 연구자들이 어떤 생각을 가지고 있는지 심문을 했다.

"석주명 선생, 선생은 고향이 평양이로군. 근데 왜 남조선에 와서 일을 하고 있소?"

양쪽 어깨에 번쩍이는 중위 계급장을 단 북한군 장교 한 명이 빈정거리면서 말했다.

"혹시 우리 북한이 싫어서 그런 건 아니오? 그렇다면 선생은 사상이 아주 불온한 거구먼."

"……."

석주명은 가당치 않은 질문에 어이가 없어 대답을 하지 않았다. 그러자 북한군 장교는 다그치듯 물었다.

"자, 만약 북한이 싫어서 그런 게 아니라면 우리를 위해서 일을 하는 게 어떻소?"

석주명은 잠깐 망설이다가 결심한 듯 입을 열었다. 긴장을 해 목소리는 떨렸지만 또박또박 자신의 생각을 밝혀 나갔다.

"나는 나비 말고는 세상일에 대해 모르오. 북한이 좋은지 남한이 좋은지 나는 모르오. 나에게 좋은 나라는 나비를 이해하고 나비를 연구하게 해 주는 나라일 뿐이오."

침을 한 번 꿀꺽 삼킨 석주명은 다시 말을 이어갔다.

"내가 서울에 있는 국립과학관에서 일하는 이유는 이곳에서 나에게 나비를 연구할 수 있게 해 줬기 때문이오. 그것밖에 아무 이유도 없소."

며칠 동안 계속된 심문에도 석주명의 대답은 한결같았다. 석주명의 고집에 북한군 장교들도 손을 들 수밖에 없었다. 하지만 전쟁은 나비만을 아는 사람조차 가만히 두지 않았다.

미군의 반격이 시작되자 서울에도 미군의 공습이 자주 있었다. 석주명은 과학관의 연구실에 있는 나비 표본들과 자료들이 공습으로 인해 불에 타지 않을까 하고 노심초사했다.

'아, 어떡하지? 혹시 과학관이 폭격을 맞으면 큰일인데……'

1950년 9월 15일 미군은 인천상륙작전을 감행했다. 그날 이후 미군의 폭격은 더욱 잦아졌다.

"아니, 어제까지 멀쩡하더니……."

집을 나와 국립과학관으로 향하던 석주명이 놀란 듯 멈추어 서서 중얼거렸다.

국립과학관에서 불과 100미터도 떨어지지 않은 세탁소 건물이 재가 되어 연기만 날리고 있었다.

밤새 미군의 공습이 있었는데, 그때 폭격을 맞은 모양이었다. 가족들 모두 피난을 가서 건물 안에 아무도 없었던 것이 다행이었다.

그것을 본 석주명은 거의 잠을 이루지 못할 정도로 걱정을 했다.

'국립과학관은 안전할까? 혹시 폭격을 맞으면 어떡하지? 지금까지 고생고생해서 모아 놓은 자료가 다 타 버리는 것은 아닐까?'

석주명은 그날 이후 『한국산 접류 분포도』를 만들기 위해 모아 놓은 자료 중 중요한 것 5백여 장을 배낭에 넣어 어딜 가든 늘 메고 다녔다. 심지어 잘 때도 품고 잘 정도였다.

"지붕에 하얀 페인트로 십자가를 그리면 병원인 줄 알고 폭격을 안 하려나?"

석주명의 간절한 바람에도 불구하고 미군의 폭격은 국립과학관을 비껴가지 않았다.

"연구 부장님, 연구 부장님! 큰일 났어요! 과학관이 불에 타고 있어요!"

헐레벌떡 달려와 외치는 직원의 말을 듣고 석주명은 부리나케 국립과학관으로 향했다. 과학관은 이미 자욱한 연기로 가득했다. 연기 사이로 언뜻언뜻 보이는 과학관은 폭격에 이미 반 이상이 무너져 있었다.

"안 돼! 안 돼! 저 안에는 내 나비들이 있단 말이야."

석주명은 거의 실성한 듯 중얼거렸다. 그때까지도 불길이 거세 건물 안으로 들어갈 수도 없었다.

"도와주세요! 불 좀 꺼 주세요! 제발 제 나비들 좀 살려 주세요!"

석주명이 할 수 있는 일이란 불길 속에 사라져 가는 나비들을 보고

흐느끼는 것뿐이었다.

그 사건 이후로 석주명은 며칠 동안 제대로 먹지도 자지도 못했다. 가끔씩 혼잣말처럼 이렇게 중얼거릴 뿐이었다.

"내 나비들이 다 없어졌어……. 어디로들 날아갔을까……."

석주명은 불에 탄 국립과학관을 다시 찾았다. 잿더미로 변한 과학관에는 아무것도 없었다. 불에 녹아 응고된 유리 조각만이 이곳저곳에 떨어져 있어 그때의 참상을 이야기해 주고 있었다.

"아, 아! 내 나비, 내 예쁜 나비들……."

사실 석주명은 나비를 연구 자료로만 생각한 것이 아니었다. 나비를 정말 사랑했던 것이다.

활활 타오르던 석주명의 삶에 대한 불씨도 잿더미가 되어 사라진 나비와 함께 날아갔는지도 모른다.

1950년 10월 6일이었다. 국립과학관이 폭격으로 재가 된 지 보름도 채 지나지 않았다. 석주명은 오후 3시에 열리기로 되어 있는 국립과학관 재건 회의에 참석하기 위해 집을 나섰다. 그리고 막 충무로 4가 근처 개울가를 지날 때였다.

"아니, 이 자식이. 누굴 밟고 다녀?"

"아, 죄송합니다. 급히 가느라고 보질 못했습니다."

석주명은 서둘러 가느라 길가에서 술을 마시던 청년들 중 한 명의 발을 밟은 모양이었다. 석주명이 사과를 했지만 이미 상대는 술이 많이 취해 있었다.

"죄송하다고 될 문제가 아니지. 근데 이 자식……, 빨갱이(공산주의자를 속되게 부르는 말) 아니야?"

"아닙니다. 전 나비 박사 석주명입니다."

"뭐야? 나비고 뭐고 너 빨갱이 맞지? 네가 빨갱이들과 같이 있는 건 똑똑히 봤다니까."

"아니, 이 사람이! 왜 괜한 사람을 붙들고 시비요?"

청년은 석주명을 다른 사람으로 오해한 모양이었다. 석주명도 늦지 않게 회의에 참석해야 한다는 급한 마음에 화가 솟았다.

다행히도 석주명과 청년의 싸움을 말리는 사람이 있어 겨우 두 사람이 떨어졌다.

"이런 빨갱이 자식은 혼이 나야 해."

그때 청년의 일행 중 또 다른 청년이 석주명에게 총을 겨누었다. 당시는 전쟁 중이어서 군인이 아니더라도 총을 가진 사람들이 있었다. 청년은 단지 빨갱이라는 말을 듣고 석주명에게 겁을 주고 싶었던 것이다.

"너, 이 자식! 빨갱이 맞지?"

"나는 국립과학관에서 일하는 사람이오."

또 다른 청년과 석주명이 다시 옥신각신하려는 때였다. 청년의 일행 중 한 명이 총을 뺏으려 했다. 총까지 들고 싸우는 게 위험하다고 생각한 모양이었다.

"이러지 말고 총은 내려놓고 이야기하게."
"아니, 저 자식이 빨갱이라니까……."
바로 그 순간이었다.
"탕!"
갑작스럽게 총이 발사되면서 총소리가 커다랗게 울렸다. 뺏고 뺏기지 않으려는 과정에서 총이 발사된 것이었다.

총소리가 울려 퍼진 순간 석주명이 외마디 비명과 함께 앞으로 쓰러졌다. 총에 맞은 것이었다.

총을 든 청년은 석주명이 쓰러지자 놀랐는지 뒷걸음질치며 도망을 갔다. 그러자 나머지 일행 역시 서둘러 달아났다.

근처에 있던 사람들이 달려와 석주명을 살펴보았지만 이미 숨이 끊어져 있었다. 석주명은 그렇게 생을 마감했다. 너무나도 허망한 죽음이었다.

하지만 그것은 석주명의 육체일 뿐이었다. 그의 영혼은 보름 전 국립과학관이 폭격을 맞았을 때 이미 이 세상을 벗어나 하늘 높이 날아올랐을지도 모른다.

그가 평생 사랑했던 나비와 함께…….

마지막으로 몰입이 어떤 힘을 가졌는지 이야기해 볼까?

같은 숙제를 하는 데 3시간 걸리는 친구가 있는가 하면 30분 만에 끝내는 친구도 있지. 이것은 내가 숙제에만 몰입했느냐, 숙제하면서 이것저것 다른 생각을 했느냐에 따라 달라진단다. 숙제에 재미를 느끼고 몰입하면 금방 끝낼 수 있어서 기분이 더욱 좋아지고 자신감마저 들지. 하지만 숙제하면서 산만하면 재미가 없고, 시간도 오래 걸려 싫증이 나기도 한단다. 이처럼 몰입은 내가 하는 일에 푹 빠지게 하는 엄청난 힘이 있지.

나도 이런 몰입의 힘이 있었기에 지치지 않고 나비에 몰입할 수 있었어. 내가 좋아한 나비를 연구하면 할수록 내 머릿속엔 나비에 관한 생각으로 꽉 차오르는 걸 느낄 수 있었지. 그래서 나비로 인하여 발생하는 문제는 나를 힘들게 한 것이 아니라 내가 몰입해서 풀어낼 도전이 되었단다.

개구쟁이 친구들!

몰입이 어떤 힘을 가진 열쇠인지 이제 잘 알겠니?

우리 친구들이 가진 무한한 재능의 보물 상자를 열 수 있는 것은 몰입이라는 열쇠란다. 내가 나비에 몰입한 것처럼 우리 친구들도 지금 현재 하는 일에 몰입하다 보면 10년 후 다들 ○○박사가 되어 있을 거야.

나만의 멋진 몰입 열쇠를 만든 날 석주명

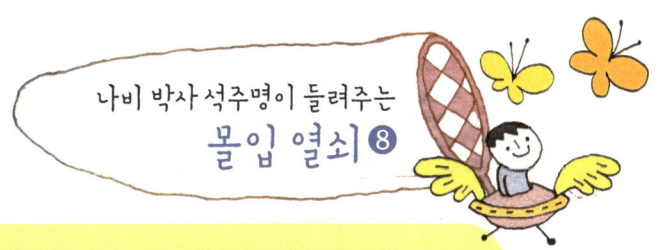

나비 박사 석주명이 들려주는
몰입 열쇠 ❽

행복하고 자신감 가득한 날로 채워라

부모님이나 친구가 나를 불러도 모를 정도로 내가 하는 일에 푹 빠져 있을 때가 있어. 그건 내가 좋아하는 일에 몰입을 하였기 때문이지. 몰입하여 문제를 해결하고 나면 자신감이 생기고 하늘을 날 듯이 신나고 기쁘단다. 또 그 짜릿한 기분은 시험에서 100점을 맞은 것보다 더 기분이 좋고 생활에 활력을 불어넣어 준단다.

곤충 사랑에 빠진 파브르의 몰입

프랑스의 파브르는 『곤충기』라는 책으로 프랑스 최고의 상을 받게 되었어. 이때 파브르는 시골의 생물 선생님으로 아이들을 가르치고 있었어. 그는 자신이 상을 타러 가면 아이들을 가르칠 사람이 없기 때문에 수상의 영광을 포기했지. 그런데 나중에 이 사실을 안 대통령이 크게 감동받아 직접 그 상을 파브르에게 갖다 주었어.

『곤충기』의 제1권은 1879년에, 마지막 제10권은 1907년에 출판되었어. 약 30년이 걸려서 쓴 불후의 명작이지. 『곤충기』는 100년이 지난 지금도 세계 여러 나라 언어로 번역되어 많은 사람들이 읽고 있어. 또 사람들은 곤충을 사랑한 사람 하면 '파브르'를 떠올린단다.

'나비 박사'라는 별명을 얻을 만큼 한평생 나비에 몰입한
석주명의 삶

석주명 (1908~1950)

1908년 11월	평안남도 평양에서 3남 1녀 중 둘째 아들로 태어났다.
1921년(14세)	서울의 숭실고등보통학교에 입학하였다.
1926년(19세)	개성의 송도고등보통학교를 졸업하고, 일본 가고시마 농림학교 농학과에 입학하였다.
1929년(22세)	가고시마 농림학교를 졸업하고, 함경남도 함흥의 영생고등보통학교 생물 선생님으로 일하였다.
1931년(24세)	송도고등보통학교의 생물 선생님으로 자리를 옮기면서 우리나라의 나비를 연구하기 시작하였다. 지질학자이자 '앤드류즈 탐험대'의 일원인 모리스를 만났다.
1938년(31세)	영국왕립아시아학회로부터 『조선산 나비 총목록』을 써 달라는 요청을 받았다.
1940년(33세)	『조선산 나비 총목록』 책을 출간하였고, 세계 나비 학회의 회원이 되었다.
1942년(35세)	송도중학교(옛 송도고등보통학교)를 그만두면서 나비 표본 60만 마리를 학교에서 불태웠다.
1943년(36세)	경성대학교 부속 제주도 생약 연구소 연구 소장으로 근무하면서 제주도 방언 연구를 하였다.
1946년(39세)	국립과학관에서 동물학 연구 부장으로 일하면서 나비 연구를 계속하였다.
1950년 10월(43세)	폭격으로 무너진 국립과학관을 다시 세우기 위한 회의에 참석하러 가다가 총에 맞아 세상을 떠났다.